EL
ROSTRO

EDICIONES PALABRA
Madrid

© Joe F. Daniels, 2025
© Ediciones Palabra, S.A., 2025
   Ronda del Caballero de la Mancha, 59 - 28034 MADRID
   Telf. (34) 91 350 77 20 - (34) 91 350 77 39
   www.palabra.es
   palabra@palabra.es

Diseño de cubierta: Equipo editorial
ISBN: 978-84-1368-458-1
Depósito Legal: M-7.010-2025
Impresión: Liberdigital
Printed in Spain - Impreso en España

Joe F. Daniels

EL ROSTRO

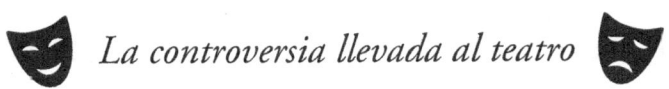

La controversia llevada al teatro

PALABRA

A Barrie Schwortz, promotor
de www.shroud.com,
in memoriam.

ÍNDICE

Prólogo 11

Personajes..15

ACTO 1º

Escena 1 19

Escena 2 26

Escena 3 30

ACTO 2º

Escena 1 53

Escena 2 78

Escena 3 90

ACTO 3º

Escena 1 103

Escena 2 127

Escena 3 134

Agradecimientos...141

PRÓLOGO DE DAVID ROLFE

Conocí al autor de esta obra de teatro de manera un tanto singular. Un día leí un artículo suyo publicado en la revista *Scientia et Fides* (2015) y decidí contactar con él. Le escribí estas letras (23-II-2021):

«Querido Joe:

Estoy embarcado en una nueva película documental con el mismo tipo de alcance que mi película original sobre la Sábana Santa: *The Silent Witness*. Por cierto, gracias por tus amables comentarios sobre ella. La nueva película se estrenará en Pascua de 2022 con el título *Who Can He Be?*

Tu artículo *Diálogo entre fe y ciencia en la Sábana Santa de Turín* me ha parecido un análisis muy penetrante de los problemas a los que se enfrentan tanto la Sábana Santa como la ciencia en general y la fe cristiana. Me gustaría encontrar la manera de plasmar la esencia de lo que tú dices en mi nueva película de una forma cinematográfica. La película está dirigida a un público general, por lo que las "cabezas pensantes" solo pueden desempeñar un papel mínimo. Sin embargo, ahí radica el reto creativo. Dicho esto, tu enfoque mesurado, desapasionado y, si me permites decirlo, autoritario, puede superar esas dificultades.

¿Podemos empezar a hablar de tu posible participación?

Con mis mejores deseos,
David Rolfe».

Al día siguiente me contestó:

«Querido David:

¡Qué gran sorpresa tu correo electrónico! Cuando publiqué el artículo, nunca imaginé que me llevaría hasta ti. Gracias por tus amables palabras y comentarios.

Si puedo ayudarte con este proyecto (nueva película documental), estaré encantado de hacerlo. No estoy seguro de si podré aportar algo a tus conocimientos en esta materia: lo único que he publicado sobre la Sábana Santa es el artículo que mencionas. Además, di una conferencia en 2018 que puedes ver aquí: https://www.youtube.com/watch?v=1lIcgNCj0 YU&feature=youtu.be. No obstante, aquí me tienes, listo para lo que puedas necesitar.

Mis mejores deseos para tu nueva película (ya tengo ganas de que llegue el estreno en Semana Santa 2022) y felicidades por tu gran trabajo en la *British Society for the Turin Shroud*.

¡Estamos en contacto!

Joe».

Pronto nos vimos las caras en una videoconferencia y compartimos libros que habíamos escrito. Más adelante, le encargué dos artículos para enriquecer mi documentación sobre la Síndone de Turín: uno sobre Secondo Pia y otro sobre Peter Rinaldi; ambos personajes fueron clave en la historia de la Sábana Santa. Como por entonces era el editor de la *British Society for the Turin Shroud's Newsletter* (BSTS), decidí publicar aquí estos dos artículos, con permiso del autor.

Más tarde, me enteré de que Joe consiguió crear una sociedad mercantil llamada Methos Media (www.methos.media) gracias a la retribución que le di por redactar esos dos artículos. Methos Media se dedica a promover el buen cine y en su página web aparece mi película *Who Can He Be?* como uno de sus primeros proyectos, cosa que me honra.

Sobre la Sábana Santa —la pieza de tela más estudiada y famosa del mundo— se escribe mucho y cada vez más. Suelen ser artículos científicos o libros de divulgación. El libro que tengo el gusto de prologar tiene la virtud de divulgar el conocimiento de la Síndone en forma de ficción, combinando rigor científico y entretenimiento. Al ser teatro, es una obra breve, pero con un contenido de gran intensidad. Pienso que todos los que la lean terminarán exclamando: me lo he pasado bien, ya sé cuáles son las principales cuestiones que plantea este misterioso trozo de tela y, además, he descubierto un Rostro que tiene la capacidad de penetrar hasta lo más profundo del corazón humano.

David Rolfe, octubre de 2024

PERSONAJES

ANNE:
53 años; artista; judía.
Fotógrafa profesional.

THOMAS:
55 años; profesor universitario;
católico. Catedrático de teología.

YVES:
52 años; científico; agnóstico.
Investigador en física aplicada.

ACTO 1º

ESCENA 1

26 de febrero de 2023, domingo.
En casa de ANNE, 7 Rue la Condamine, París.
La escena se desarrolla en una estancia amplia y única que consta de un comedor que conecta con la sala de estar y con el vestíbulo de la casa. El comedor tiene una puerta que lo separa de la cocina.
ANNE, YVES y THOMAS están sentados en la mesa redonda del comedor. Se les ve hablando y gesticulando apasionadamente.
Suena el reloj de la sala de estar.

ANNE:
(Mirando su reloj de muñeca) ¡Tiempo! Chicos, son las siete, nuestra hora tope. ¡Se acabó!

Los tres amigos se echan a reír.

THOMAS:
¡Ja! ¡Ja! ¡Ja! ¡Guau!, ¡qué fuerte! Nunca pensé que una discusión sobre arte contemporáneo y belleza diera para tanto.

YVES:
¡Ja! ¡Ja! ¡Estoy completamente sudado! En mi laboratorio también discutimos, pero nada que ver con lo de hoy.

ANNE:
¡Ja! ¡Ja! ¡Sí, ha sido una pasada!

THOMAS:
Por cierto, Anne: ¿sabes en qué se parecen un cuadro abstracto y una mala sopa?

ANNE:
No.

THOMAS:
Que ambos solo sirven para calentar: la sopa el estómago, y el cuadro la discusión sobre qué es el arte.

ANNE:
¡Qué malo, Thomas!

YVES:
Sí, muy malo y, además, sesgado. Aunque reconozco que tus chistes han conseguido quitar hierro en los momentos más acalorados...

ANNE:
Así es. No se ha oído ningún insulto.

YVES:
Esa es una línea roja que nunca debemos cruzar, a pesar de nuestras diferencias.

THOMAS:
Por supuesto, Yves: ¡somos amigos de la infancia! Pensamos muy distinto, pero a ti y a mí nos une la duda: am-

bos hemos vacilado en nuestras creencias o increencias en algunos momentos de la vida, ¿verdad?

YVES:
Verdad.

ANNE:
Cierto. Ideológicamente estáis en las antípodas: un agnóstico de libro que se lleva bien con un fervoroso creyente...

THOMAS:
Esta es la magia de la amistad, Anne, que es capaz de unir a los más diferentes.

ANNE:
Yo soy judía y tú, católico: ¿dónde está la magia de nuestra gran amistad?

THOMAS:
Supongo que en las muchas cosas que también nos unen.

ANNE:
¿Por ejemplo?

THOMAS:
La persecución: tu pueblo y mi religión no han dejado de ser perseguidos desde sus inicios.

ANNE:
Suena original; me gusta.

THOMAS:
Original o no, lo importante es que somos buenos amigos y hemos evitamos los insultos. Pienso que esa línea roja la respetamos siempre.

ANNE:

(Mirando fijamente a los ojos de THOMAS) Sí, salvo una vez...

THOMAS:

(Poniéndose algo tenso) Pero eso fue hace muchos, muchos años.

ANNE:

(Haciendo un guiño cariñoso a THOMAS) Correcto. Y conseguimos pasar página...

YVES:

¿Me he perdido algo?

ANNE:

Nada, no te has perdido nada.

THOMAS:

Lo que no te puedes perder es mi último chiste de hoy. Ya es un clásico:

Dos amigos se encuentran y uno le dice al otro:

¿Sabes qué?, mi padre se estaba quedando ciego de un ojo, así que le pusieron uno electrónico de quita y pon, con la ventaja de que ahora, cuando quiere espiar por encima de una tapia, se quita el ojo, lo lanza al aire y ve lo que hay al otro lado.

Sí, hay que ver lo que se ha adelantado, ¿eh? Por ejemplo, mi padre perdió un dedo de la mano en un accidente, así que le hicieron un injerto con una tetilla de vaca y ahora, cuando quiere echarse leche en el café, lo único que tiene que hacer es ordeñarse el dedo.

¿Sí? ¡Eso habrá que verlo!

Sí, con el ojo de tu padre.

Los tres se ríen con ganas.

YVES:
Basta de chistes y escojamos el próximo tema.

THOMAS:
Pero antes tengo que daros una buena noticia: a mi hijo pequeño, el que terminó la universidad en septiembre, lo acaban de contratar en un buen despacho de abogados y está muy contento.

YVES:
Gérard, ¿verdad?

THOMAS:
Sí. Ya tengo a los cinco trabajando. Misión cumplida: ¡me puedo jubilar!, ja, ja.

ANNE:
¡Felicidades! También para Emma.

THOMAS:
Sí, su madre tiene casi todo el mérito. Gracias.

YVES:
Enhorabuena. Has tenido mucha suerte con tus hijos.

THOMAS:
Lo sé. Gracias.

ANNE:
(Se levanta de la mesa y coge un florero de cristal lleno de papeles doblados que está sobre un mueble de pared) Bien, procedamos.

Saca al azar del florero un papel con un tema en forma de pregunta. Lo lee en silencio y se lo pasa a THOMAS. Este se lo pasa YVES, después de hacer lo mismo. YVES lo lee y mira a los otros dos. Sus rostros manifiestan que les gusta el reto.

YVES:
(Poniéndose de pie) È Finito. Hora de marcharse.

THOMAS:
(También se levanta y extrae de su cartera de mano un pequeño paquete envuelto en papel de regalo y se lo da a YVES) Toma, para que se lo hagas llegar a tu hijo, que para algo soy su padrino.

YVES:
Efectivamente, este jueves es su cumpleaños. Muchas gracias.

ANNE:
Siempre tan detallista, Thomas.

YVES:
Supongo que no será nada tecnológico.

THOMAS:

¡¿Por quién me tomas?! Aunque seas un friki de la tecnología, sé muy bien lo que le conviene ahora a tu hijo.

Breve pausa.

ANNE:

Bueno, Señores, os espero aquí dentro de tres meses.
YVES y THOMAS se despiden de ANNE.

ESCENA 2

En casa de ANNE, 7 Rue la Condamine, tres meses después.
ANNE está atareada, entrando y saliendo de la cocina.
Suena el timbre de la puerta.
ANNE la abre y aparece YVES con una caja de pasteles en la mano.

ANNE:
Hola, Yves *(le da un par de besos)*. Gracias por traer el postre.

YVES:
(Mientras le entrega la caja a Anne) Disculpa el retraso.

ANNE:
No te preocupes, Thomas todavía no ha llegado.

YVES:
(Mirando a su reloj) ¡Qué extraño! Ya son las diez y cuarto. Suele ser el más puntual.

ANNE:
Así es. Pero no hay prisa: hace una mañana soleada y tenemos todo el día por delante. Si no te importa, espérame en la sala de estar mientras yo termino unos detalles de la comida.

ANNE se mete en la cocina.
YVES pasa al salón y se entretiene repasando las fotos de
familia de ANNE.

YVES:

(Con una foto enmarcada en sus manos en la que aparece
ANNE con sus dos hijos) Tienes unos hijos maravillosos;
están mayorcísimos... ¿Qué edad tienen?

ANNE:

(Asomando la cabeza desde la cocina) Gracias por el cum-
plido... Pierre, veinticinco, y Sophie, veintitrés. Esa foto
es del verano pasado, en casa de unos amigos.

YVES:

Veo que has retirado todas las fotos de François.

ANNE:

Sí, desde que se hartó de mí y me abandonó, se me
hace muy duro verle y recordar lo felices que fuimos y
lo mal que... *(Se emociona un poco).* No pierdo la espe-
ranza..., pero ya sabes lo que dicen: las bodas se cele-
bran y los divorcios se silencian. Por cierto, ¿qué tal tu
hijo?

YVES:

Camille y yo lo visitamos la semana pasada. Se encuentra mejor. Ha recuperado algo de autoestima. Solo nos
dejan verle una vez al mes.

ANNE:

¿Cuánto tiempo lleva en ese sanatorio?

YVES:
Catorce meses ya… Nos advirtieron que su adicción requeriría al menos dos años de terapia.

ANNE:
Pobrecito, debe de ser muy duro.

YVES:
Es duro para todos… y muy caro… Camile y yo no dejamos de lamentarnos del día que le regalamos el móvil.

ANNE:
No te tortures.

YVES:
(Con cara triste) En nuestro caso fue como regalarle un revólver y mirar hacia otro lado… Él todavía era un niño y yo tenía una fe ciega en la tecnología… Entonces no conocía el lado oscuro del mundo digital. Lo del porno es tremendo…

ANNE:
(Dándole un beso en la mejilla) No te tortures más, por favor.

YVES:
Sí, mejor que cambiemos de tema.

ANNE:
Cuéntame algo de tus últimos experimentos.

YVES:
(Esbozando una sonrisa) Sabes que, cuando empiezo a hablar de física aplicada, no hay quien me pare…

ANNE:
Soy toda oídos.

Se sientan en la sala de estar y hacen tiempo hasta que llegue THOMAS.

ESCENA 3

ANNE e YVES siguen sentados en la sala de estar, charlando amistosamente.
Son las diez y media.
Suena el timbre.
Llega THOMAS con cara de apuro y algo pálido.
Se saludan.

THOMAS:
¡Qué desastre! ¡Es tardísimo! Disculpad.

ANNE:
No te apures. Me gusta ver que también tienes defectos *(se ríe)*.

THOMAS:
No hay excusas. Lo siento. Y, para colmo, se me ha olvidado el vino.

ANNE:
(Mirando de reojo a YVES para buscar su complicidad) Da igual… Pero anima esa cara, hombre, que no va contigo. ¿Pasa algo?

YVES:
(Sonriendo) Lo que le pasa es que prefiere tu vino… La bodega de esta casa es insuperable, ¿verdad?

ANNE:
(Sonriendo y haciendo un guiño a YVES) No os podéis hacer idea...

THOMAS:
(Algo más calmado) Gracias por vuestra comprensión.

ANNE:
Venga, pues, sentémonos y empecemos ya la discusión.
Se sientan en la mesa redonda del comedor.
¿Listos? ¿Os habéis preparado el tema?

YVES:
¡Por supuesto!

THOMAS:
Un poco.

Sacan sus notas.

ANNE:
Como vuelvo a ser la anfitriona, permitidme que haga una breve presentación *(se pone de pie y lee):*

> Es la tercera vez que nos reunimos para discutir sobre una cuestión. Para la de ahora se da una casualidad: precisamente hoy, domingo 28 de mayo de 2023, se cumplen 125 años de la fotografía más famosa de la historia. La que realizó Secondo Pia, en 1898, a la Síndone de Turín, también llamada Sábana Santa. Gracias a esa foto se descubrió, por casualidad, que esta preciada reliquia de la Iglesia católica es un "negativo fotográfico". Es decir, que tiene el claroscuro invertido: lo que debería ser luminoso aparece os-

curo, y viceversa. ¡Qué ocasión más estupenda para disertar hoy sobre el trozo de tela más estudiado del mundo! Ya leísteis la pregunta que centra nuestra conversación. Os la recuerdo: «¿Es auténtica la Síndone de Turín?». Es decir, ¿se trata realmente del lienzo que envolvió el cuerpo de Jesús cuando fue descendido de la cruz?[1].

Se vuelve a sentar.

YVES:
No había caído… Es sorprendente que hoy se cumplan los 125 años de esa famosa foto.

ANNE:
La vida tienes estas cosas... *By the way*, anécdota. El otro día le enseñé a un chico de doce años un negativo fotográfico de los de antes y no sabía lo que era. ¡Es increíble!: desde que las fotos se hacen con móvil, la gente joven ya no conoce los negativos. Con lo gracioso que era ver esos rostros tan raros en las fotos de familia…

YVES:
Esto me recuerda lo de la cinta de casete y el boli Bic, que sirve para distinguir a los nacidos en la era digital –no les dice nada– de los de nuestra generación. ¿Os acordáis?: usábamos el boli para rebobinar manualmente las cintas. Encajaba perfectamente en los agujeros del casete... Era un truco ingenioso.

---

[1] Cuando la obra se represente, se puede acompañar la interpretación de los actores con imágenes proyectadas en una gran pantalla que ayuden a entender los grandes conceptos relacionados con la Síndone de Turín.

ANNE:
Tú siempre tan *tech...* Me acuerdo perfectamente. Pero volvamos al tema. Empecemos declarando nuestras posiciones de partida. ¿Yves?

YVES:
No he podido concluir. Dudo.

ANNE:
¿Thomas?

THOMAS:
Es falsa.

ANNE:
Pues yo estoy convencida de que es auténtica.

YVES:
¡Variado comienzo! Se promete interesante. Que empiece Thomas con el desarrollo. Como buen catedrático de teología, siempre nos sorprende con su agudeza mental.

ANNE:
¡Genial!

YVES:
¡Ya estás!...

ANNE:
¿Qué?

YVES:
¡Cómo os gusta a las mujeres usar el término "genial"! Me lo estáis devaluando. Si algún día me lo oís decir, ¡asombraos!

ANNE:
¿Por qué?

YVES:
Porque algo muy grande se habrá producido en mi interior.

ANNE:
¡Déjate de chorradas!...
Thomas, el tema es todo tuyo.

THOMAS:
(Buscando y rebuscando una de sus notas en la cartera. Se le ve torpe) ¡¿Dónde demonios he puesto ese papel?!

ANNE:
Tranquilo, hay tiempo.

THOMAS:
(Por fin saca un papel y empieza a leerlo) Tengo entendido que la prueba del carbono 14 es lo más potente que tenemos para determinar la antigüedad de los materiales orgánicos. En 1988, tres laboratorios demostraron con este test que la reliquia es medieval: datada entre 1260 y 1390 d.C. La investigación fue publicada en la prestigiosa revista científica *Nature*, en 1989. En sintonía con esto, el documento histórico más antiguo de la Síndone de Turín es el Memorandum del obispo de la diócesis de Troyes, de 1389, donde se dice que la reliquia fue expuesta treinta y cuatro años antes, en 1355, rodeada de controversias sobre su autenticidad. La diócesis de Troyes está a pocos kilómetros de París y a ella pertenecía la

población de Lirey, que fue donde apareció "de repente" la reliquia a mitad del siglo XIV. Es decir, no existe prueba histórica alguna que relacione directamente la Síndone con la sábana mortuoria de Jesús de Nazaret. A pesar de que hay otros hallazgos que apuntan hacia la autenticidad, los dos argumentos esgrimidos –el carbono 14 y el Memorandum– me parecen contundentes y suficientes para descartarla.

ANNE:
Buen inicio, Thomas. A todo esto, ¿sabes el motivo por el que la Síndone se trasladó a Turín y la perdimos los franceses?

THOMAS:
Menos mal que la perdimos porque, si no, la habríamos "perdido" –quemado– durante nuestra *Revolución de 1789*.

ANNE:
No seas irónico.

THOMAS:
Disculpa. Te respondo. Si no recuerdo mal, fue trasladada a Turín a finales del XVI para que la pudiera venerar san Carlos Borromeo. Y allí se quedó.

ANNE:
Gracias. Yves, tu turno.

YVES:
(Con las notas en la mano, pero improvisando algo) Al principio, me decanté por la no autenticidad por lo que

ha dicho Thomas. Luego investigué lo que se sabe sobre la naturaleza de la imagen: es el resultado de una quemadura superficial de las fibras de lino, la cual origina la imagen completa y bien detallada de un cuerpo humano de varón, el llamado "Hombre de la Síndone". Esa imagen tiene propiedades de negativo fotográfico –lo que has explicado antes, Anne–, pero es que además es tridimensional: es decir, las partes que sobresalen más de un cuerpo, como la nariz, están más "quemadas" –son más oscuras– que las que no sobresalen, como el valle de los labios. ¡Es sorprendente! ¡Se puede reconstruir una imagen 3D a partir de los diferentes tonos de oscuros del Hombre de la Síndone! Aquí empezaron mis primeras dudas.

THOMAS:
Vale. Esto es muy sabido…

YVES:
Sí, pero después leí sobre las características del tejido, que apuntan directamente hacia un origen oriental, en absoluto europeo. Seguí con el estudio de otra importante reliquia, el Sudario de Oviedo, que parece que fue el paño que envolvió el rostro del cadáver de Jesús antes de descenderlo de la Cruz y que san Juan lo menciona en su Evangelio, junto con la Síndone. Os leo la cita de lo que vieron Pedro y Juan la mañana del domingo de Resurrección cuando fueron al sepulcro a toda prisa *(lee sus notas):*

> Y vio los lienzos plegados, y el sudario que había sido puesto en su cabeza, no plegado junto con los lienzos, sino aparte, todavía enrollado, en un sitio.

ANNE:
¿Lienzos? ¿En plural?

YVES:
Con la expresión "lienzos plegados", el evangelista Juan parece referirse a la Síndone, y algunos interpretan ese "plegados" como si hubiera desaparecido el contenido interior, cayendo por gravedad la tela superior. Da igual... Lo que me parece prodigioso es que las dos reliquias, Sudario de Oviedo y Síndone de Turín, tienen cantidad de puntos en común, empezando por el grupo sanguíneo, que es AB: es el más raro –solo lo tiene el 4% de la población mundial– y, en cambio, es mayoritario para la raza judía; pero es que, además, hay coincidencias en la posición y el tamaño de muchas de las manchas de sangre. Dicen que, si se tratara de un asesinato, un criminólogo no dudaría en vincular las dos telas con la misma persona.

ANNE:
Qué cantidad de cosas.

YVES:
Espera, que no es todo... Seguí investigando y entré en crisis total cuando encontré lo que dice la ciencia médica sobre los sufrimientos del Hombre de la Síndone. Todo coincide a la perfección con lo que dicen los Evangelios sobre la cruenta pasión de Cristo: sangre humana real, latigazos, corona de espinas, clavos, herida de la lanzada en el costado, ausencia de signos de putrefacción... Es llamativo el coágulo de sangre en forma de tres

invertido que hay en la frente; es súper-real; algunos médicos lo llaman el "sello de la autenticidad".

THOMAS:
¿Y qué concluyes?

YVES:
Que me cuesta imaginar que una mente medieval pudiera llegar tan lejos y con tanta precisión: ¡ni siquiera sabían entonces que la sangre circulaba por el cuerpo! Estoy hecho un mar de dudas.

Breve pausa.

YVES y THOMAS dirigen su mirada a ANNE.

ANNE:
Pues yo lo tengo claro.
(Toma sus notas y se pone de nuevo en pie para leer) Como artista y experta en fotografía que soy, no me cabe duda de que es auténtica. Esa reliquia, esa foto, ¡ese rostro!, no puede ser un truco. Hay algo especial en la luz que envuelve esa imagen: ¡solo puede ser auténtica! Para concluirlo, basta comparar la Síndone con las copias que han realizado algunos pintores de prestigio –por ejemplo, Durero–: no hay color, la Síndone las supera de largo en perfección. Hay mucha belleza en ella. Me he pasado horas mirándola y siempre descubro nuevos matices. Ya sé que esto es más intuitivo que analítico, pero no tengo dudas al respecto. Es como si reconociera su autenticidad "desde dentro", por una especie de misteriosa intuición. *(Se sienta, repasa otras notas e improvisa)* Por otra parte, me suena que ese Memorandum que antes ha citado

Thomas es un simple borrador de una posible carta dirigida al antipapa de Aviñón, Clemente VII, en la que se pide que se prohíba la exhibición de la reliquia. Pero vaya usted a saber..., porque no está fechado, no está firmado y no está sellado; y la primera traducción al francés que se hizo contiene imprecisiones. En cambio, sí que sabemos con certeza que ese mismo Clemente VII emanó una bula autorizando la ostensión de la reliquia y ofreciendo indulgencias a quienes peregrinaran a Lirey para venerarla.

YVES:
¡Caramba, Anne!, vienes bien documentada...

ANNE:
Gracias. Las chicas judías, cuando nos ponemos, nos ponemos...

THOMAS:
Yves, ¿cómo te explicas lo del carbono 14?

YVES:
En parte, lo veo como tú. Hasta que no surja un nuevo hallazgo sobre la datación de la reliquia que sea tan o más potente que el aportado por el radiocarbono, no lo podremos obviar. La prueba del carbono 14 sigue siendo el gran ogro de la autenticidad de la reliquia. Cabe argumentar que la esquina de donde se tomaron las muestras para esa prueba pudo no ser representativa del conjunto del lienzo, como parecen indicarlo los famosos hallazgos de un tal Rogers.

ANNE:

Recuérdame lo de Rogers.

YVES:

Me suena que fue en 2005. Dijo que esa esquina fue reforzada con hilo nuevo hace pocos siglos y por eso el carbono 14 dice lo que dice.

THOMAS:

Venga ya…

YVES:

Sí, sí. Algunos se reían de esta tesis y la calificaron irónicamente como la teoría del "remiendo invisible" pero, tres años después del hallazgo de Rogers, se descubrió un curioso libro con este título: *El arte francés del recosido invisible*. Además, recientemente se ha aplicado un nuevo método de datación, el de la dispersión de rayos X de ángulo amplio, y los resultados preliminares parecen apuntar al siglo I. Pero, insisto, por el momento, todo esto me parece insuficiente para invalidar definitivamente los resultados del radiocarbono.

ANNE:

Chicos, ¿no os resulta extraño que el mecanismo que dio lugar a esa imagen no haya podido ser explicado de manera convincente y, todavía más sorprendente, que no haya podido ser reproducido en nuestros días, con una ciencia y tecnología infinitamente superior a la de los medievales?

YVES:
Cierto. Por eso me inclino a veces por la autenticidad. Con la Síndone pasa lo mismo que con la aparición de la vida sobre nuestro planeta: no sabemos exactamente cómo se produjo y tampoco hemos podido sintetizarla en el laboratorio a partir de materia inorgánica.

THOMAS:
Dale tiempo al tiempo... Pienso que la ciencia terminará por resolver ambos temas. Por otra parte, es normal que los devotos de la reliquia más famosa de mi religión se resistan a darla por falsa.

YVES:
Me parece que te faltan datos.

THOMAS:
(Con cara seria) Pues explícate.

YVES:
La foto de Secondo Pia se produjo en el momento de más escepticismo religioso de la historia, también entre algunos intelectuales católicos. Y quizá esto explica el deseo de los propietarios de la Síndone entonces –la familia de Saboya– de no dar demasiado protagonismo a la reliquia durante el siglo XIX, ya que solo hubo cinco ostensiones públicas, cuando en los siglos anteriores eran muy frecuentes. En el siglo XX pienso que se dieron otras cinco; y en lo poco que va de siglo XXI ya llevamos cinco. Con independencia del número de ostensiones y del contexto religioso, lo que está claro es que

este trozo de tela es un fenómeno de masas, y más desde que se ha convertido en "material científico".

THOMAS:
¿Estás seguro de que esa foto llegó en el momento de mayor increencia de la historia?

YVES:
Créeme. Al menos en los círculos de intelectuales. Te lo digo yo, que tiendo como ellos al escepticismo, aunque con un poco más de apertura mental que en los tiempos de Secondo Pia.

THOMAS:
Sigue.

YVES:
A finales del XIX y principios del XX, especialmente aquí, en París, parecía que la ciencia iba a suplantar definitiva-mente a la fe, y que esta quedaría relegada definitivamente al ámbito subjetivo de los sentimientos. Se puso de moda el "principio antidogmático", aunque yo lo llamaría "pre-juicio antidogmático": todo debía ser explicado racional-mente por la ciencia si no querías ser tachado de rancio.

THOMAS:
Veo por dónde quieres ir.

YVES:
Por supuesto: eres teólogo; debes saberlo mejor que yo.

THOMAS:
Pero prefiero escuchártelo…

YVES:

Muy bien. Continúo. Lo que quería decir es que esa moda intelectual influyó también en los ambientes ilustrados de la teología: por eso no es de extrañar que fuera un sacerdote católico francés, el erudito historiador Ulysse Chevalier, el primero que negó la autenticidad de la Síndone; acción por la que se ganó el aplauso de la comunidad intelectual y recibió un premio. Paradójicamente, fue un prestigioso científico francés –que, dicho sea de paso, llevaba mi nombre y era agnóstico–, Yves Delage, el primero en aceptar su autenticidad. ¡El mundo al revés!

ANNE:

¿Le dieron un premio a un cura por demostrar que la reliquia era falsa? ¡No me lo puedo creer!

YVES:

No te extrañes. En Occidente vivimos en un contexto cultural que felicita y premia –también económicamente– al que pretende demostrar la falsedad de esta reliquia. Así ha sucedido con los grandes detractores de la Síndone. Y esto es un hecho de experiencia, con independencia de que la ciencia finalmente resuelva en un sentido u otro. Thomas me lo podrá confirmar, pues sabe más de historia que yo: probablemente, en la fervorosa Constantinopla del siglo X, ciudad rica y amante de las reliquias, habría ocurrido lo contrario que en el París liberal de primeros del siglo XX: habrían denigrado a los que negaran la autenticidad de las reliquias. Los contextos ideológicos cambian con el tiempo y, aunque los hechos son los hechos, su interpretación está sujeta a los condicionantes culturales.

THOMAS:

De acuerdo…, pero ¿no os parece sospechoso que una reliquia de tal calibre surja de la nada en Lirey, a mitad del siglo XIV, sin que nadie pueda explicar su origen?

YVES:

Está la hipótesis de la conexión de la Síndone con el Mandylion, esa imagen venerada desde antiguo en Edesa —en la actual Turquía— y que fue trasladada a Constantinopla a mitad del siglo X. Es cierto que el Mandylion parece que solo representaba el rostro de Cristo, pero cuando llegó a Constantinopla, el obispo de la ciudad pronunció un sermón e hizo referencia explícita a la herida de la lanzada en el costado, dando a entender que en esa reliquia podía verse el cuerpo entero de Cristo. Por eso algunos deducen que el Mandylion era la misma Síndone, pero que habitualmente estaba doblada de tal modo que solo se mostraba el rostro. Aquí podría estar la explicación.

THOMAS:

Tú lo dices: el Mandylion de Edesa no es más que una hipótesis.

YVES:

Que existió el Mandylion entre los siglos VI y XIII, me parece que no lo duda nadie. La hipótesis está en la conexión entre el Mandylion y la Síndone de Turín. Todo va bien hasta que el Mandylion desaparece durante el saqueo de Constantinopla por la IV Cruzada, en 1204, para luego resurgir misteriosamente en 1355 en Lirey, un pueblo que hoy no llega a los cien habitantes. Dicen que cuando desapareció de Constantinopla, el Mandylion estuvo en manos de los templarios.

ANNE:

¡Los templarios! ¡Qué interesante! Siempre he tenido aprecio por ellos. Nacieron en Jerusalén. ¡Protegieron la tierra de Israel! Fueron famosos y polémicos al mismo tiempo. Duraron menos de doscientos años porque nuestro rey Felipe IV acabó con ellos precisamente un "viernes y trece"... Y, si no me falla la memoria, fueron aprobados en Troyes, cerca de Lirey, donde "curiosamente" apareció luego la Síndone.

YVES:

Sí, la tesis es consistente porque, además, el primer propietario de la Síndone cuando apareció en Lirey fue un caballero francés cuya familia se asocia con los templarios. No obstante, reconozco que nos falta encontrar un "eslabón perdido": algún documento histórico incuestionable que cubra el arco de tiempo que va entre la IV Cruzada (1204) y la aparición de la Síndone en Lirey (1355). Ese eslabón, si existiera, conectaría de manera definitiva el Mandylion con la Síndone. Las pruebas del polen van en esa línea, puesto que la Síndone contiene polen de plantas que son específicas de la zona de Constantinopla, Edesa y Tierra Santa. Además, la cantidad y especificidad de cierto polen encontrado en la Síndone apunta a esos treinta y tres kilos de mirra y áloe que Nicodemo compró para embalsamar el cuerpo de Jesús:

¡treinta y tres kilos! ¡Una barbaridad! ¡Lo quiso tratar como si hubiera fallecido un rey!

ANNE:
Ese eslabón que buscas podría ser el Códice Pray.

THOMAS:
No me suena.

ANNE:
Pues debería sonarte, señor teólogo... Es un famoso manuscrito medieval que contiene textos litúrgicos e ilustraciones. En él aparece una representación de Nicodemo y de José de Arimatea ungiendo el cadáver de Cristo, y otra con la visita de las mujeres al sepulcro vacío. En ambas ilustraciones, el dibujo de la sábana que envuelve a Cristo parece haberse inspirado en el Mandylion, venerada entonces en Constantinopla. Lo sorprendente es que esos dibujos concuerdan con nuestra Síndone: mismo patrón del tejido, mismos agujeros producidos por una quemadura en forma de "L"; el cuerpo de Jesús está totalmente desnudo, con la misma posición de las manos cruzadas sobre la zona pélvica, y solo cuatro dedos visibles en cada mano, como en la Síndone.

YVES:
(*Repasando sus notas*) Sí, Anne, pero hay que tener muy buena voluntad para considerar al Códice Pray como el eslabón perdido de esta cuestión. Además, si no lo anoté mal, ese Códice es de 1192, por lo que es anterior al arco de tiempo al que me refiero.

ANNE:

(Se ríe) Me hace gracia ver cómo los científicos despreciáis tan a la ligera las pruebas artísticas.

THOMAS:

Hay que ser rigurosa, Anne, si no quieres ser tachada de fanática.

ANNE:

(Con cara seria y algo mosqueada por el comentario de THOMAS) Pues también me río de los teólogos: a veces os pasáis de prudentes; por no decir de insensibles. ¿Cómo te explicas que todo el arte cristiano apunte de manera tan descarada al Mandylion de Edesa?

THOMAS:

¿A qué te refieres?

ANNE:

No te hagas el tonto.

THOMAS:

De verdad lo digo.

YVES:

Yo tampoco lo sé.

ANNE:

Ya se ve que el arte os importa un bledo.

YVES:

Te lo acepto, pero sigue, por favor.

ANNE:
Todas las representaciones de Jesús hasta el siglo VI siguen un canon greco-romano, como si fuera un Apolo: rostro joven e imberbe, pelo corto y rizado, etc. Basta fijarse en las pinturas de las catacumbas romanas.

THOMAS:
¿Y?

ANNE:
Pues que algo grande debió de ocurrir en el siglo VI porque desde entonces la representación de Cristo queda fijada en todo el orbe cristiano según el arquetipo que ya conocemos: pelo largo y dividido al centro; barba larga y bífida; bigote; nariz y pómulos prominentes; ojos almendrados y saltones; cejas en arco fuertemente marcadas, etc.

THOMAS:
¿Y ese algo grande fue el Mandylion?

ANNE:
Correcto. El Mandylion se descubrió en las murallas de Edesa a primeros del siglo VI, después de unas importantes riadas. Enseguida fue considerada como una imagen "no hecha por mano de hombre". Se piensa que el hallazgo del Mandylion –que para mí es la Síndone– fue el que cambió la historia de la iconografía cristiana: de allí surgió el arte bizantino, luego el románico, luego el gótico y, finalmente, el arte actual: al que tú comparaste con una mala sopa caliente...

THOMAS:
(Con rostro molesto por el comentario final de ANNE) Primera noticia.

YVES:
Ahora que lo dices, me suena haber leído algo…

ANNE:
Me confirmo. El arte os trae sin cuidado. *Whatever…*, os propongo recapitular lo visto hasta ahora y luego tomar el aperitivo en la cocina.

YVES:
Buena idea.

Siguen conversando.
ANNE e YVES están animosos, acompañando cada una de sus afirmaciones con gestos de las manos.
THOMAS se muestra más pasivo.

ACTO 2º

ESCENA 1

Regresan de tomar el aperitivo en la cocina.
Se vuelven a sentar alrededor de la mesa del comedor.

YVES:
El camembert estaba excelente, Anne.

ANNE:
Gracias… Bien, volvamos a lo que nos ocupa. Ya hemos discutido sobre la autenticidad. Pero, por encima de esto, ¿qué mensaje pensáis que nos da esta reliquia?

YVES:
Que abra de nuevo Thomas.

THOMAS:
(Se anima un poco, pero sigue con cara seria) Dos clarísimos: con independencia de la autenticidad, la Síndone es un buen campo de prueba para observar, por una parte, el diálogo constructivo entre fe y ciencia, y, por otra, la integración de saberes.

ANNE:
A mí también me ha sorprendido esa sinfonía de ciencias y saberes que se han interesado por esta reliquia: *(toma una nota y lee)* medicina, botánica, biología, histo-

ria, teología, física, química, arqueología, filosofía, tecnología textil, tecnología de la imagen, numismática... Y, cómo no *(mira desafiando a YVES y THOMAS)*, ¡el ARTE!

YVES:

(Sonriendo) Por supuesto, Anne, también el arte... Thomas, ¿a qué te refieres con diálogo constructivo entre fe y ciencia? Yo he encontrado polémica en muchos de los escritos que he consultado.

THOMAS:

Aunque para mí la Síndone no es auténtica, no obstante, me parece interesante ver a científicos y a teólogos trabajando coordinadamente para dar respuesta a los interrogantes que suscita esta reliquia. La Síndone es una especie de laboratorio de la relación entre fe y ciencia. Puedes encontrar polémica en la cuestión de la autenticidad, pero no hay tufo de cientificismo ni de creacionismo por ninguna parte.

ANNE:

¿Tufo de qué?

THOMAS:

Lo que quiero decir, Anne, es que los teólogos no se ponen nerviosos porque los científicos se interesen por el estudio de la reliquia; y los científicos no evitan –no pueden hacerlo– confrontar sus resultados con la revelación –es decir, con los relatos evangélicos– para tratar de acertar en sus aportaciones. Es como si se produjera una especie de alianza o síntesis entre fe y ciencia.

YVES:

Bien visto. Esto me recuerda a un chiste sobre evolucionistas y creacionistas que, si os portáis bien, os contaré luego.

ANNE:

¿Por qué no ahora?

YVES:

Ahora no toca, que veo a Thomas con cara de pocas bromas.

THOMAS:

No voy a entrar a la provocación...

ANNE:

¡Buf! ¡Qué paciencia tengo que tener con los hombres!

YVES:

Anne, a cambio del chiste te propongo una *performance*.

ANNE:

Acepto.

YVES:

Ahora que Thomas ha recalcado la buena relación entre fe y ciencia en la Síndone, me he acordado de una nota graciosa que tomé al leer la conferencia de un experto en esta materia. Habla precisamente de esto: de los mutuos servicios que se prestan fe y ciencia, como si se tratara de una alianza matrimonial. ¡Vamos a representarlo! Yo hago de CIENCIA y tú, de FE, ¿vale?

ANNE:

Vale.

YVES:

(Encuentra la nota entre sus papeles. Se levanta de la mesa e invita a ANNE a hacer lo mismo. Luego hinca la rodilla ante ella y, tomándola de la mano, empieza a leer la nota que tiene en su otra mano):

«Yo, CIENCIA, te quiero a ti, FE, como esposa
y me entrego a ti, y prometo
procurar tu prosperidad,
purificarte de la tentación del esoterismo y de la magia,
y enriquecerte en tu autoconocimiento,
y así amarte y respetarte
todos los días de mi vida».

ANNE:

(Sonriendo, toma la nota de YVES y se arrodilla ante él)

«Yo, FE, te quiero a ti, CIENCIA, como esposo
y me entrego a ti, y prometo
procurar tu prosperidad,
purificarte de la tentación de la ideología,
y así amarte y respetar tu autonomía
todos los días de mi vida».

YVES y ANNE se vuelven a sentar, riéndose.

ANNE:

Ja, ja. ¡Qué tontería!... Ha estado bien.

YVES:

Anne, eres una buena actriz; si te hubieras dedicado a esto, habrías triunfado… Pero volvamos al tema que nos ocupa.

Respondiendo a tu pregunta sobre el mensaje que nos da la Síndone, a mí me ha llamado la atención, como he dicho antes, el apasionamiento que hay en algunos sectores de ambas posturas. Por eso pienso que el gran mensaje es este: Dios sigue siendo un tema sensible en nuestra sociedad y la figura de Cristo en particular siempre suscita pasiones.

ANNE:
Yo pensaba que la ciencia siempre avanzaba planteando debates apasionantes y apasionados.

YVES:
Apasionantes, sí, apasionados, solo a veces.

THOMAS:
¿Ejemplos de debates sin apasionamiento?

YVES:
La causa de la extinción de los dinosaurios, el origen de la Luna, la aparición del agua sobre la Tierra, la desaparición brutal del hombre de Neanderthal, etc.

ANNE:
¿Ejemplos del otro lado?

YVES:
Suelen levantar polvareda todos aquellos debates susceptibles de confundirse con ideas religiosas: el heliocentrismo, la evolución de las especies, el Big Bang, la mente humana…, y la autenticidad de la Síndone.

THOMAS:
Lo del Big Bang lo trabajé en su día. La persecución de los defensores de esta teoría fue especialmente cruenta

en la Rusia comunista y en la Alemania nazi. Tanto es así que pienso que, si Galileo reviviera, se alegraría de haber sido sancionado por la Iglesia y no por una ideología.

ANNE:

Yves, ¿la Síndone ha levantado humareda?

YVES:

Yo he dicho polvareda, no humareda.

ANNE:

Vale, tiquismiquis. Llevas dos... Sigue.

YVES:

¡Por supuesto que levantó polvareda! Mi tocayo Yves Delage, el primer científico que afirmó la autenticidad —os he hablado de él antes—, fue cuestionado por la Academia de las Ciencias de París por este motivo. Se vio obligado a publicar una justificación en una revista científica, ya que algunos lo acusaron de traicionar la ciencia y el librepensamiento. Como acaba de apuntar Thomas, fue como un nuevo "caso Galileo", pero a la inversa: en lugar de ser condenado por una instancia religiosa, fue rechazado por una secular y atea. Dejadme leeros su defensa; me parece magistral *(toma uno de sus papeles y se pone de pie para leerlo):*

Se ha hecho innecesariamente una cuestión religiosa de un tema que, de por sí, es meramente científico, con el resultado de que las pasiones se han avivado y la razón ha sido desviada. Si se hubiera tratado de

Sargón, de Aquiles o de un Faraón, a nadie se le habría ocurrido poner objeciones (...). Al hablar de este tema, he sido fiel al verdadero espíritu científico, buscando tan solo la verdad, sin preocuparme lo más mínimo si con eso podía perjudicar los intereses de alguna ideología (...). Yo reconozco a Cristo como personaje histórico y no entiendo por qué hay personas que consideran escandaloso el hecho de que sigan existiendo huellas materiales de su vida.

Saluda al público como si estuviera en un escenario y se vuelve a sentar.

ANNE:
(Aplaudiendo) ¡Bravo!
Volviendo a las humaredas *(hace una mueca irónica a YVES)*, son impresionantes los tres incendios conocidos —probablemente intencionados— que ha sufrido la reliquia: especialmente los de 1532 y 1997. ¡Se salvó de milagro en ambas ocasiones! No cabe duda de que la Síndone ha superado con éxito la "prueba del fuego".

YVES:
Y en el incendio de 1532 tuvo que superar también una prueba de probabilidad.

ANNE:
¿Qué quieres decir?

YVES:
Os lo voy a mostrar. Lo he estado practicando varias veces estos días…

Saca de su cartera un punzón y un trozo largo de papel en-
rollado. Lo desenrolla y dibuja con un bolígrafo una silueta
simulando al Hombre de la Síndone.

Imaginaos que esta es la Síndone *(eleva el papel y lo mues-*
tra a sus dos compañeros). Todo parece indicar que entonces estaba doblada así, en cuarenta y ocho capas *(do-*
bla el papel en varios pliegos). El incendio fundió la urna
que la protegía y una gota de plata a 900 grados centí-
grados atravesó todas las capas. ¡Sorpresa!: se quemó
mucho material, pero, como sabemos, la imagen del
Hombre de la Síndone quedó prácticamente intacta,
como enmarcada por las zonas quemadas.

Si nos pidieran hacerlo al azar en un concurso televisivo
(atraviesa los pliegos del papel con el punzón), necesitaría-
mos miles de intentos para no dañar la imagen *(despliega*
el papel y se ve la silueta del dibujo totalmente atravesada).
¡Lo veis! ¡Siempre me sale igual!: con la figura humana
perforada por todas partes.

ANNE:
¡Qué curioso!

THOMAS:
(Sin prestar mucha atención a lo del papel) Yves, lo de la
polvareda –o humareda, que ya no me aclaro– me recuerda a una enseñanza de mi profesor de religión cuando
tenía doce años: «La religión es un conocimiento performativo, no solo informativo. Por eso levanta ampollas».

ANNE:
¿Performativo?

THOMAS:

Sí. Te lo explicaré con el mismo ejemplo de mi profesor. No es lo mismo saber que cada setenta y seis años pasa el cometa Halley junto a la Tierra que enterarte un día de que ese cometa ha cambiado de órbita e impactará con nuestro planeta la próxima vez que nos visite. En el primer caso, puedes seguir tumbado en el sofá y decir «¡qué interesante!»; en el segundo, mueves el culo con gran sobresalto porque hay que empezar a tomar medidas para que no fallezca la mitad de la población mundial. Hay conocimientos que no solo describen la realidad, sino que también tienen el poder de transformarla.

ANNE:

¿Nos hemos ido del tema?

THOMAS:

En absoluto. Si la Síndone es falsa, como pienso yo, se queda en informativa; pero si fuera auténtica, podría ser performativa para algunos que ahora están sentados en el sofá y no quieren dejar de bostezar cuando se les plantea la cuestión de Cristo.

ANNE:

¡Ah! Ahora lo pillo... No obstante, para mí, lo más interesante es que esta reliquia, la mires como la mires, es un misterio provocador. Este es el gran mensaje que nos da.

YVES:

Vas bien, chica, sigue por allí.

ANNE:

Sigo… El enigma no se agota en ninguno de los dos polos. Si es auténtica, te conecta directamente con el misterio del Hombre-Dios: Cristo. Y, si es una falsificación, te obliga a entender y a reescribir de modo distinto el medievo: ¿cómo fueron capaces de hacer algo que nosotros no sabemos explicar ni reproducir?, ¿de dónde obtuvieron esos conocimientos científicos tan elevados? Vamos, que los medievales, lejos de ser protagonistas de una época oscura, fueron la generación más avanzada de todos los tiempos. Y, si fue así, ¿por qué han permanecido ocultos esos conocimientos hasta el siglo XX?

YVES:

Yo también me he planteado esto último. Es un misterio. La foto de Secondo Pia actuó como una nueva piedra de Rosetta: fue la clave para descifrar la información encriptada en un lienzo durante muchos siglos. De hecho, esa foto fue el desencadenante de una nueva ciencia: la sindonología.

ANNE:

Y esa foto, además de llegar en la época de más increencia –como has comentado antes–, parece que llegó justo en el momento adecuado para ser recibida como un "escándalo" tecnológico.

YVES:

En el siglo de los inventos, ¿verdad?

ANNE:

Más concretamente, durante el primer gran desarrollo de la sociedad audiovisual.

YVES:

¡Bravo, mi niña! Continúa.

ANNE:

Por mi trabajo, he tenido que estudiar la evolución del *storytelling:* el arte de contar historias. La humanidad ha pasado por tres fases: primero, la música –los poetas y los rapsodas–, luego, la escritura –los literatos–; finalmente, el audiovisual –los cineastas–. Esta fase audiovisual viene marcada por dos hitos...

YVES:

¿La invención de la fotografía y el inicio del cine?

ANNE:

Correcto... La fotografía más antigua que se conserva es de 1826 –de Niépce– y la primera secuencia cinematográfica data de 1895 –de los hermanos Lumière–, todos ellos franceses. Por tanto, la foto de Secondo Pia aparece solo cuatro años después del arranque del cine y en plena maduración de la técnica fotográfica. ¡Y aparece para decirnos que la reliquia misma es un negativo inventado mucho antes que la técnica fotográfica! Por eso, algunos hablan de ella como la primera foto, la primera peli –por lo que cuenta de la pasión de Cristo–, incluso la primera selfi de la historia: porque parece que fue el propio cuerpo-cadáver el que se "autofotografió".

YVES:

Es decir, que, como mínimo, la invención de la fotografía habría que situarla quinientos años antes, puesto que con los datos actuales de la ciencia cada vez es más difícil explicar la falsificación de la reliquia sin utilizar un cadáver humano y una técnica de "captura" de imagen, ¿verdad?... ¡Bien visto!

ANNE:

¡Así es! Lo sabía... Siempre que hablo de tecnología, consigo cautivarte. Choca esos cinco.

ANNE e YVES se chocan las manos con entusiasmo, en señal de sintonía.

YVES mira de reojo a THOMAS y lo ve serio y algo ausente.

YVES:

A propósito, Thomas, ¿qué partido teológico se le está sacando a esta reliquia desde que la tecnología se posó sobre ella?

THOMAS:

(Tardando unos segundos en reaccionar) ¿Qué? Ah, sí..., algo he leído... Supusieron un giro los libros de un tal Barbet a primeros de los años cincuenta del siglo pasado, especialmente el que lleva por título *Un doctor en el Calvario.*

YVES:

¿En qué sentido?

THOMAS:

Hasta entonces, escribían sobre la pasión de Cristo solo los teólogos, los santos, los religiosos y los eclesiásticos; y lo hacían con categorías filosófico-teológicas. De repente, nos habla un médico cirujano de París; y lo hace usando el lenguaje de la ciencia experimental, que se pone al servicio de la fe, como antes lo hizo la filosofía. Por ejemplo, es clásica la predicación de las cinco llagas de Cristo; pues bien, ahora, los médicos, tomando la Síndone como base, piensan que lo pueden hacer mejor que nadie.

ANNE:

¿Qué llagas?

YVES:

Dos en las manos, dos en los pies, y la lanzada del costado.

THOMAS:

(*Algo más animado*) Justo. Aunque algunos sindonólogos hablan de otras dos. Una que se ve y otra que el pudor del "artista" quiso ocultar.

ANNE:

Esto es un mar sin orillas: ¿cuáles son?

THOMAS:

Se puede distinguir bien la del ombligo…

YVES:

Sí, que nos habla del individualismo actual: no hacemos otra cosa que mirarnos al ombligo.

THOMAS:
Te equivocas. Nos habla de la dependencia que tenemos unos de otros. Empezamos dependiendo exclusivamente de la madre –cordón umbilical; ombligo– y, cuando nacemos, pasamos a depender de la madre y de todos los demás. Somos seres relacionales desde el mismo momento de la concepción...

ANNE:
Es bonito..., aunque luego, la realidad es más compleja, ¿no? *(Se queda algo seria y pensativa, mirando fijamente a THOMAS).*

YVES:
(Viendo el cruce de miradas entre ANNE e YVES) ¿Me he vuelto a perder algo?

THOMAS:
(Esquivando la mirada penetrante de ANNE) Nada, Yves... Por cierto, Anne, te sorprenderá más lo que viene a continuación.

ANNE:
¿La séptima llaga?

THOMAS:
Efectivamente. La llaga de la circuncisión de Cristo. El Hombre de la Síndone aparece totalmente desnudo, pero oculta sus partes nobles bajo sus manos cruzadas. Cristo era judío y fue circuncidado al octavo día: esa herida infantil debería aparecer si fuera visible. De hecho, algunos artistas que han reproducido la escultura de Cristo yacente, basándose en la información médica de la reliquia, la han representado.

ANNE:

¿Los católicos creéis que el cuerpo resucitado de Cristo sigue conservando todos sus rasgos judíos?

THOMAS:

Sin duda. Te recuerdo lo del Evangelio de san Lucas sobre la primera aparición de Cristo resucitado a los Apóstoles: «Mirad mis manos y mis pies, que soy yo mismo; palpad y ved; porque un espíritu no tiene carne ni huesos, como veis que yo tengo». Si mantiene los signos de la Pasión, no hay motivo para que no conserve también los de la raza.

ANNE:

Vaya, sí que somos importantes los judíos para los cristianos.

THOMAS:

¿De qué te extrañas? Jesús era judío. Su madre, María, también. José era judío. Los Apóstoles eran judíos. Las santas mujeres que siguieron a Jesús eran judías. Todos los primeros cristianos fueron judíos. No fue hasta un segundo momento cuando esa fe judía en Jesús-Cristo se abrió a los gentiles: y esto se lo debemos a Pablo, también judío.

ANNE:

¿Te consideras judío o gentil?

THOMAS:

Desde el punto de vista de la fe, no de la carne, me considero un judío evolucionado. Los católicos consideramos a tu pueblo como "nuestros padres en la fe".

ANNE:
Me gusta. A partir de ahora te llamaré "hijo mío" *(se ríe).*

THOMAS:
(Poniendo cara seria) Déjate de sandeces.

YVES:
¡Uy! Os estáis poniendo demasiado... ¿Me permitís cambiar de tercio?

THOMAS:
Sí, mejor.

YVES:
Yo, si tuviera fe y fuera un teólogo como tú, le sacaría punta a lo de la luz.

THOMAS:
¿Lo de la teoría de la radiación lumino-térmica que produjo la imagen?

YVES:
Exacto.

ANNE:
¿Por qué tiene que ser una radiación?

YVES:
Porque no es posible explicar la imagen por contacto directo: habría salido un rostro deformado; además, se ha imprimido imagen donde no cabe el contacto directo; por ejemplo, en las cavidades oculares. Pero a lo que iba, puestos a teorizar, esa radiación podría estar relacionada

con la luz que irradió Jesús cuando se transfiguró en el monte Tabor –«su rostro se puso resplandeciente como el sol»– y con la que cegó a san Pablo cuando se le apareció Cristo resucitado en el camino a Damasco. Parece que uno de los rasgos distintivos de la descripción de Cristo glorioso es esa luz intensa, cegadora; similar a la que dicen que "quemó" el lienzo de lino y produjo la imagen del Hombre de la Síndone.

THOMAS:
Como consideración piadosa…, te lo acepto.

ANNE:
Por cierto, con tantos datos a favor de la autenticidad, ¿qué han dicho los papas o la Iglesia católica al respecto?

THOMAS:
Los papas han mostrado veneración creciente por la reliquia: por ejemplo, Pío XII, Pablo VI, Juan Pablo II, Benedicto XVI y el actual Francisco la han visitado y nos han dejado interesantes discursos. Es relevante el de Benedicto XVI sobre el Sábado Santo y la cultura de la muerte de Dios.

ANNE:
¿Pero obligan a creer en la autenticidad?

THOMAS:
¿A ti qué te parece? Si obligaran, yo sería un hereje contumaz en estos momentos. Y el sacerdote católico Chevalier, aquel que primero negó la autenticidad de la reliquia, otro hereje.

ANNE:

Algo hereje sí que me pareces hoy…

THOMAS:

¡Qué va! La Iglesia deja esta cuestión en manos de los científicos. Y lo hace de manera muy cómoda porque sabe que la fe católica no se basa en las reliquias. Me gustó la actitud de Juan Pablo II: siendo entonces el representante de la propiedad de la reliquia, no solo favoreció al máximo la prueba del carbono 14, sino que también accedió a que el arzobispo de Turín enseguida hiciera públicos los resultados, sabiendo que eran contrarios a la autenticidad de la reliquia. Recuerdo que, poco antes, un amigo hinduista me comentó: «¡Estáis locos! ¡Habéis dejado vuestra reliquia más famosa en manos de científicos! ¡Os van a descuartizar!».

ANNE:

Pero yo siempre he oído que la resurrección es clave para vosotros. Me parece que es de san Pablo eso de «y si Cristo no resucitó, vana es (…) vuestra fe».

THOMAS:

Lo es, pero esa fe se fundamenta en el testimonio de los testigos del Resucitado, no en la Síndone.

ANNE:

¿Fueron muchos esos testigos?

THOMAS:

Más de quinientas personas. Pero debió de ser muy impresionante porque, gracias a esas apariciones –calculo que fueron siete, tres el Domingo de Resurrección y otras cuatro durante cuarenta días–, se sustituyó el Sabbat tuyo por el domingo nuestro.

ANNE:
¿Cómo?

THOMAS:
Me lo imagino así: Cristo resucitado apareciéndose a los suyos y viviendo una especie de experiencia eucarística durante cinco domingos seguidos. Y así, de domingo en domingo, se llegó a la Ascensión y, diez días más tarde, a la apoteosis del domingo de Pentecostés. Y luego se dio continuidad a esas fuertes experiencias celebrando la eucaristía todos los domingos. El cristianismo es, sobre todo, la religión del Resucitado, del domingo, de la luz. En este sentido, aprecio la Síndone, porque el "artista" ha querido simular la fotografía del primer instante de la resurrección.

YVES:
Damas y caballeros, ¡regresemos a los temas científicos!

ANNE:
Vale. Abre tema nuevo.

YVES:
Me ha parecido interesante ver cómo avanza esta nueva ciencia: lo que en un primer momento parece ser una prueba a favor de la falsificación se torna más adelante en un argumento que apunta hacia la autenticidad.

THOMAS:
Explícate.

YVES:

Por ejemplo, lo de los cuatro dedos: falta el pulgar en las dos manos; lo del color rojo intenso de las manchas de sangre; lo de una pierna más corta que la otra.... Primero desconcierta…, y luego viene la ciencia y descubre que hay razones científicas que lo explican.

ANNE:

¡Qué interesante! Lo del pulgar ya lo sabía: si el clavo entró por la muñeca y no por la palma de la mano, entonces debió de tocar al nervio mediano y se pudo producir la contracción del pulgar, que quedó escondido debajo de los otros cuatro dedos.

YVES:

Correcto, aunque la contracción del pulgar no está claro que se deba a la excitación del mediano; pudo ocurrir que se manipulara el cadáver y simplemente una mano se colocara encima de la otra, entrelazando los pulgares, que quedarían ocultos debajo. Lo de una pierna más corta se debe a que, si solo se utiliza un clavo para las dos piernas, la izquierda se monta sobre la derecha y queda más flexionada; es decir, más corta. Con la muerte irrumpe el *rigor mortis* en los músculos y queda fijada la posición del cadáver durante unas horas: por eso el Hombre de la Síndone da la sensación de ser cojo. De hecho, algunos dicen que las cruces griegas, que tienen la base de los pies oblicua, son consecuencia de que la gente se pensaba que Cristo era cojo.

THOMAS:

Te falta lo del color de la sangre.

YVES:

Esto es lo que más me impresionó. Algunas manchas de sangre aparecen con un color rojo intenso cuando todo el mundo sabe que la sangre en un pañuelo se vuelve de color marrón al poco tiempo. Los primeros estudios bioquímicos de la sangre de la Síndone descubrieron que contenía mucha fase acuosa y alto contenido en bilirrubina. Es decir, esas manchas de sangre parecen provenir del contacto con coágulos que transmitieron a la tela la fase más acuosa de la sangre, y son de una persona que murió tras un prolongado proceso traumático: por eso contiene altos niveles de bilirrubina, que es un indicador de la ruptura de los glóbulos rojos.

THOMAS:

Pero esto no explica lo del color.

YVES:

Espera… La bilirrubina tiene un color amarillo anaranjado que, combinado con el resto de la sangre, fija su color en un rojo intenso.

THOMAS:

Ahora sí. Visto.

YVES:

La conclusión es que el estudio bioquímico de la sangre vino a confirmar lo que dijeron antes los médicos: pues las manchas rojas del Hombre de la Síndone provienen de coágulos de un varón, probablemente judío –por lo del grupo sanguíneo, que es AB–, que murió después de sufrir un gran trauma. ¿No os parece impresionante?

ANNE:

¡A mí, sí! Quizá pasará lo mismo con la prueba del carbono 14: que sea algo que más adelante refuerce la autenticidad.

THOMAS:
Lo dudo mucho.

YVES:
El tiempo lo dirá (*)[2]. Por cierto, pasemos al capítulo "Protagonistas": ¿a quiénes nombraríais padres fundadores de la sindonología?

Los tres buscan entre sus papeles y repasan los nombres.

THOMAS:
Supongo que a los tres que ya han salido: Secondo Pia, Yves Delage y Barbet.

ANNE:
Exacto. Más otros, por ejemplo, Paul Vignon, colaborador de Yves Delage, que fue el primero en publicar un libro interdisciplinar sobre la Síndone y, además, describió los puntos de coincidencia del rostro de la reliquia con las representaciones del arte bizantino: y esto lo hizo antes de que se propusiera la teoría de la identificación del Mandylión con la Síndone.

---

[2] A partir de aquí y hasta (**) se puede suprimir el texto cuando se represente la obra de teatro, para evitar al auditorio tener que retener tantos nombres y para abreviar el tiempo de la representación.

YVES:

Dentro de esos otros, creo que no podemos olvidar a John Jackson, el padre de la "tridimensionalidad" de la imagen de la Síndone: que, dicho sea de paso, la descubrió por casualidad, igual que pasó con la "negatividad". Además, fue el gran promotor del STURP: la famosa investigación del equipo de científicos norte-americanos; la mayor que se ha realizado hasta la fecha. De esas 120 horas de observaciones *non-stop*, con más de cuarenta científicos involucrados, surgieron unos treinta artículos publicados en revistas científicas de primer nivel.

ANNE:

Yo todavía añadiría a otros dos: el historiador Ian Wilson, que fue el que propuso la identificación entre Mandylion y Síndone. Y también incluiría a Giulio Ricci, el primero en establecer la relación entre Síndone y Sudario de Oviedo.

YVES:

¿Y los grandes detractores de la autenticidad?

THOMAS:

Estos son mis preferidos. Los tengo por orden cronológico, según el año de su aparición en escena *(lee una de sus notas):* el ya citado Chevalier, de 1900; el jesuita británico Herbert Thurston, de 1903; el prominente microscopista estadounidense Walter McCrone, de 1980; y el equipo del test del radiocarbono, de 1988, con el *British Museum* como su principal promotor.

ANNE:

Yo he preferido centrarme en los grandes divulgadores: el bueno del padre Peter Rinaldi, que dio a conocer la reliquia en Estados Unidos y promovió la sindonología con toda su alma; David Rolfe, que hizo el primer documental y dejó boquiabierto a medio mundo; y el judío Barrie Schwortz, fotógrafo del STURP y, posteriormente, fundador de la página web que más contribuye a difundir la ciencia de la Síndone.

YVES:

Último ranking: ¿os suena algún gran converso de la Síndone?

THOMAS:

De esos no me fío. Pasa...

ANNE:

No seas ácido. A mí sí que me interesan. Sigue, Yves, ¿conoces alguno?

YVES:

Sí. Por ejemplo, los ya mencionados Ian Wilson y David Rolfe, que recuperaron su fe anglicana gracias a la Síndone. Y, si añadimos los conversos hacia la autenticidad, que primero la negaron y luego fueron grandes convencidos, tenemos al antedicho Barrie Schwortz –que también recuperó su fe en el judaísmo–, a Alan Adler –bioquímico del STURP; fue el que dio explicación al llamativo color rojo de la sangre–, y al también mencionado Rogers (**).

ANNE:
(Estirando los brazos y con un suave bostezo) Caballeros,
es la una de la tarde. ¡Hora de comer! ¿Tenéis hambre?

YVES:
Pues sí.

ANNE:
Poned la mesa: ya sabéis dónde están las cosas. Yo solita
me encargo de la comida, que no quiero moscardones a
mi lado *(sonríe)*.

Se levantan.
ANNE se retira a la cocina.
YVES y THOMAS preparan la mesa para la comida.

ESCENA 2

YVES y THOMAS están sentados en la mesa del comedor.
Sin hablar.
THOMAS tiene la mirada fija en un punto, como ido.
YVES está leyendo una revista científica.
Aparece ANNE con una bandeja de canapés y una buena
botella de vino.

ANNE:
(Se fija en la cara seria y ausente de Thomas) Tengo una
propuesta para la comida *(mira a YVES y le hace un guiño).*

YVES:
(Guardando la revista en su cartera) Tú dirás.

ANNE:
Propongo que durante la comida hablemos de otra cosa.

YVES:
De acuerdo. ¿De qué?

ANNE:
¿Qué es lo más absurdo que os ha pasado en la vida?

THOMAS:
(Como volviendo en sí) Qué cosas tienes, Anne.

Breve pausa.

YVES:
(Devolviéndole el guiño a ANNE) A mí, una vez casi me hace picadillo un tren…

ANNE:
¿De verdad? ¿Cómo fue?

YVES:
Había quedado con un amigo en una estación de tren para que me recogiera en coche: nos esperaba un largo día de viaje. Tomé el tren en otra ciudad y me dirigí a la estación de encuentro. Utilicé el bono de diez tickets que habitualmente usaba. La pega era que ese bono solo me daba derecho para llegar a la estación anterior a la convenida con mi amigo. Cuando llegué a esa estación previa, me aseguré de que no hubiera ningún revisor en mi zona. ¡Cielos!: vi que un revisor cambiaba de vagón y venía hacia el mío. Decidí yo también cambiar de vagón. Me crucé con el revisor en el andén y algo sospechó porque se dio la vuelta y me siguió hasta que entré de nuevo en el tren. ¡Cielos! Me di cuenta y reaccioné rápido; fue entrar él y salir yo: nos volvimos a cruzar. Se mosqueó y exclamó: «¿A qué jugamos? ¡Enséñame tu billete!». Se lo mostré desde el andén y se quedó perplejo: era válido hasta esa estación y yo estaba fuera del tren; no podía multarme. Pero me cerró la puerta en las narices. ¡Había perdido el tren!

ANNE:
¿Qué hiciste? ¿Dejaste colgado a tu amigo?

YVES:

Ni hablar. No suelo hacerlo. El próximo tren iba a tardar cuarenta y cinco minutos en pasar. Demasiado tiempo. Quedaban diez minutos para la cita. Total, que decidí ir andando por la vía hasta la siguiente estación.

ANNE:

¡Qué loco!

YVES:

No. Supuse que no serían más de quince o veinte minutos a paso rápido. Recuerdo que llevaba mocasines. Salté a la vía y empecé a andar. ¡Cielos!: a los diez minutos apenas había recorrido nada. Aceleré el ritmo de mis pisadas. El trayecto se me hacía infinito. Me impacienté y me arranqué a correr junto a la vía. Había barro: los zapatos se me pusieron perdidos. Como el tren no iba a pasar en mucho tiempo, decidí correr dentro de la vía, apoyándome en los travesaños. Me concentré mucho para que mis zancadas coincidieran con los maderos. Necesitaba ganar minutos: me apresuré al máximo. Debí de perder la noción del tiempo. El caso es que un intenso pitido me hizo volver a la realidad. Me giré y, ¡oh Cielos!, vi venir el tren a cien metros…

ANNE:

¡No me lo puedo creer! ¡Estás como una cabra!

YVES:

Lo mejor viene ahora. Salté fuera de la vía y presencié cómo el tren aminoraba la marcha y el conductor sacaba la cabeza por la ventana para decirme: «¿Qué pasa? ¡Quieres que hagamos salchichas contigo!». Iba abarrotado. Fue humillante ver la cara de asombro en todos los pasajeros.

ANNE:
¿Cómo acabó?

YVES:
Llegué una hora tarde a la cita, con el ritmo cardiaco desbocado y con los zapatos hechos una ruina. Saqué un propósito: nunca más colarme en un tren.

ANNE:
¡Tío, no sabía que estabas tan pirado! *(Se ríe).*

YVES:
Thomas, ¿qué nos cuentas?

THOMAS:
(Se arranca con poco entusiasmo) Un día, cuando tenía quince años, fui a comprar algo de merienda a un supermercado. A esa edad tienes mucha hambre. De hecho, tenía más hambre que dinero. Agarré dos cositas que alcanzaba a comprar y vi con avidez unos tubos de leche condensada. Me dije: «Si cojo uno y me tomo un poquito y luego lo devuelvo, nadie se dará cuenta». Tenía un problema: había una empleada poniendo cosas en ese lineal; entraba y salía constantemente de un almacén cercano. Me puse a merodear por allí, haciéndome el despistado. Una vez que ella desapareció, me hice con uno de esos tubos.

YVES:
Seguro que te pillaron.

THOMAS:
Fue más complejo... Me fui con mi presa a un rincón tranquilo, lo abrí y le di un buen chupetón. Luego pensé: «Si lo escondo en un lugar secreto, podré consumirlo poco a poco cada vez que venga». Busqué y encontré un lugar muy seguro. Deposité allí mi tesoro.

ANNE:
¡Qué cosas más raras hacéis los hombres!

YVES:
No lo cortes, que se pone emocionante. ¿Qué pasó luego?

THOMAS:
Me dirigí a la caja para pagar. Llevaba una mochila escolar a la espalda. Justo después de pagar, cuando ya me iba, me detuvo un empleado con una bolsa de plástico abierta y me dijo: «Deposita aquí lo que has robado».

YVES:
Lo que decía, te pillaron.

THOMAS:
Espera... Le dije que no había robado nada. En pocos segundos me vi rodeado por cinco empleados que no hacían más que increparme: «Si robas, nos arruinas a todos»; «yo conozco a tu madre; se lo diré» —cosa falsa, porque ese no era mi barrio—; «robar no está nada bien, ¡no te da vergüenza!». Yo insistí en

que no había robado nada. Finalmente, el que me había parado me obligó a vaciar el contenido de la mochila en el mostrador. Lo hice. Lógicamente, no apareció ningún tubo de leche condensada. La chica del lineal dijo que había visto "desaparecer" un tubo. «¿Dónde está la leche condensada?», me preguntaron con frialdad. «Dentro», contesté. «Con que sí, ¿eh?, dinos dónde», me desafiaron. Me acompañaron dentro y les enseñé el lugar secreto donde había depositado el tubo.

YVES:
¿Se dieron cuenta del chupetón que le habías dado?

THOMAS:
Por suerte, de tan perplejos que estaban, no se les ocurrió comprobar si estaba abierto. «¿Por qué lo has dejado aquí?», me preguntó uno con rabia. «No sé, tenía prisa, y lo he lanzado», respondí. Tampoco pudieron multarme y me despidieron de mala manera. Evidentemente, ya no volví a comprar allí. Como tú, Yves, ese día aprendí que no compensa robar.

ANNE:
¡Sois un par de ladrones! Antes de que os vayáis, revisaré bien la casa, no sea que me falte algo, je, je.

YVES:
¡Muy bueno, Thomas! Anne, ahora te toca a ti.

ANNE:
Yo, al revés. ¡Fui víctima de un atraco!

YVES:

¡¿Quién fue, que me lo cargo?!

ANNE:

Ya ha llovido mucho... Llevaba dos años de casada. Eran tiempos de muchos atracos callejeros. Habían soltado a delincuentes comunes de las cárceles, y hacían su agosto atracando a gente joven por la calle. Varias de mis amigas habían sido robadas. Una hermana mía lo había sufrido y el terror se extendió por toda la familia. Yo rezaba a mi ángel para que me protegiera. Pero un día, aparentemente, mi ángel me abandonó. Regresaba a casa por la noche. Era invierno. Iba con un buen abrigo. De repente, noté los brazos de dos jóvenes que me flanquearon como si fueran amigos míos y uno me dijo: «Hola. No te preocupes. No te pasará nada. Ahora nos vas a acompañar por esa callejuela y te diremos lo que tienes que hacer».

YVES:

¡Qué cabrones!

ANNE:

¡Me quedé helada! ¡Me estaban atracando en plena calle, con gente por todos partes! Tras unos segundos de bloqueo se me ocurrió decir algo. Y aquí viene lo absurdo de la anécdota.

YVES:

¿Qué les dijiste?

ANNE:

Todavía no me lo explico. Les dije: «¿Y si me pongo a gritar?». Lo lógico habría sido ponerme a gritar; pero no preguntárselo…

YVES:

¿Qué pasó?

ANNE:

Uno de ellos me dio un puñetazo en el costado y me amenazó. Pero observé que se ponían nerviosos, que empezaban a mirar hacia los lados y a advertirme de las consecuencias si montaba un numerito. Vi a una señora con un perro sacando dinero de un cajero automático y les dije otra cosa absurda: «Podría gritar y decirle a esa mujer que os lanzara el perro para librarme de vosotros». Eso fue definitivo: me dieron otro golpe en las costillas y se alejaron a paso rápido. ¡Me había librado de ellos! ¡Menudo susto! Más tarde, caí en la cuenta de que fue mi ángel quien me inspiró esa reacción salvadora.

YVES:

Buena anécdota, Anne. No sabía que los judíos creíais en los ángeles.

ANNE:

(*Levantándose y dirigiéndose a la cocina*) Yo, sí. Son criaturas estupendas que juegan un papel clave en nuestra historia sagrada. Te aconsejo que leas el libro de Tobías: es una delicia. El caso es que, desde ese atraco, llevo a mi ángel siempre a mi lado, ja, ja (*regresa de la cocina con una bandeja de bocadillos calientes*).

YVES:
¡Pero si son bikinis, el mejor sándwich del mundo!

THOMAS:
¿Bikini?... Querrás decir *croque-monsieur* o mixto de jamón y queso.

YVES:
En el "pueblo" de mi madre los llaman bikinis.

ANNE:
¿Cómo es eso?

YVES:
Me lo han preguntado tantas veces que terminé por investigarlo. En Barcelona había una famosa sala de conciertos y discoteca que en su día preparaban, a las mil maravillas, estos sándwiches. Como la sala se llama Bikini, todo el mundo empezó a llamarlos así.

THOMAS:
¿Y las mujeres iban con esa prenda de baño a la Sala Bikini?

YVES:
¡Qué cosas dices!... La sala toma el nombre de las islas Bikini, situadas en el Pacífico.

ANNE:
¿Y qué conexión tiene el popular bañador con esas islas?

YVES:
Buena pregunta. También lo investigué. En esas islas los americanos llevaron a cabo pruebas nucleares en la

década de 1940. Fue especialmente famosa la prueba-explosión de 1946. Poco después, una bailarina de nuestro París se dejó fotografiar por primera vez con un "bikini" y el nombre fue elegido porque ella declaró: «Esto va ser más explosivo y provocativo que la bomba de Bikini».

THOMAS:
Curiosa anécdota. Le sacaré partido, ya que hace un par de años, en una clase con universitarios, se me ocurrió afirmar que la mujer que usa bikini, consciente o inconscientemente, se hace más provocativa que la que usa un traje de baño de una sola pieza. ¡Demonios, casi me lincharl! Un chico guaperas y ligón zanjó la cuestión diciendo que para él no había diferencia alguna entre uno y otro bañador.

YVES:
¡Ja! ¡Ja! ¡Ja! Pobre Thomas.

ANNE:
Eso te pasa por meterte en esos jardines...

THOMAS:
Si me vuelve a ocurrir, citaré la frase de esa bailarina…

YVES:
No sé si te servirá de mucho. En fin, ¿qué tal si tomamos el postre y reanudamos nuestra discusión de hoy?

ANNE:
Pero antes nos debes algo.

YVES:
¿Qué?

ANNE:
Ese chiste.

YVES:
Cierto. No es tan "malo" como los de Thomas, pero seguro que os entretiene. Ilustra muy bien la rivalidad entre evolucionistas y creacionistas. La escena sucede durante una clase de ciencias naturales en un pueblecito de EE.UU.:

> —Maestra: «Que os quede claro, chicos, la Biblia no cuenta la verdad. Por ejemplo, en un lugar dice que una ballena se tragó a Jonás. Pero los biólogos sabemos que los mamíferos marinos, como son las ballenas, no pueden tragarse a un hombre entero porque su garganta es muy estrecha».
> —Alumno: «¡Señorita, la Biblia no puede equivocarse!».
> —Maestra: «¡Pues se equivoca! Es científicamente imposible que una ballena se tragara a Jonás».
> —Alumno: «¿Sabe qué, seño?, cuando me muera y vaya al Cielo, lo primero que haré será preguntar por Jonás para que me lo explique».
> —Maestra: «¿Y si resulta que te dicen que Jonás está en el infierno?».
> —Alumno: «Bien, en ese caso, se lo preguntará usted».

ANNE:
¡Ja! ¡Ja! ¡Ja! Muy bueno.

THOMAS:
(Con una ligera sonrisa) Peor que los míos…

ANNE:
¡Perfecto! Ahora que hemos conseguido remontar un poco los ánimos, vamos a celebrarlo con el postre que has traído, Yves.

YVES:
De acuerdo. Tú te encargas del postre, y Thomas y yo recogemos la mesa y lavamos los platos.

ANNE:
Como queráis.

Los tres se levantan.
ANNE de dirige a la cocina en busca del postre.
YVES y THOMAS empiezan a recoger la mesa.

ESCENA 3

Los tres amigos están de nuevo sentados alrededor de la mesa redonda.
Hay una bandeja con el postre en el centro.

ANNE:
(Tomando un éclair *de la bandeja del postre)* Propongo cerrar el debate de hoy con esta pregunta: ¿cómo desearías que evolucionara la sindonología en los próximos años?

YVES:
Buena pregunta. Thomas, tu turno.

THOMAS:
Me gustaría que la ciencia lograra reproducir con éxito el fenómeno que originó la imagen del Hombre de la Síndone y diera una explicación cabal de cómo fueron capaces los medievales de hacer algo así.

YVES:
Yo tengo varios deseos: ojalá se descubra una técnica de datación más precisa y menos destructiva que la del carbono 14 que permita zanjar la cuestión de la edad de la reliquia. Ojalá aparezca ese eslabón perdido que antes hemos comentado, si es que existe. Ojalá pueda hacerse

un estudio genético comparativo de la sangre de la Síndone y la del Sudario de Oviedo, y se alcancen conclusiones irrebatibles. Y ojalá se encontrara ese trozo cortado del Mandylion, de unos treinta centímetros, que, según parece, el emperador latino de Constantinopla, Balduino II, vendió en el siglo XIII a su primo el rey Luis IX de Francia. ¿Sabías que este rey mandó construir la famosa Sainte-Chapelle de nuestro París para albergar ese trozo del Mandylion y la reliquia de la Corona de espinas?

ANNE:

(*Limpiándose la boca con una servilleta después de haberse tomado el* éclair) Ahora que lo dices, es cierto que a la Síndone le falta un pedazo de ese tamaño.

YVES:

A ese trozo me refiero.

THOMAS:

Yves, esta porción de tela, si se encontrara, sí que podría ser el eslabón perdido que buscas: tanto para afirmar como para negar la autenticidad de la reliquia. Sería una prueba irrefutable de si el Mandylion y la Síndone son o no la misma tela. Fue una lástima que se "perdiera" durante la Revolución de 1789…

ANNE:

Vuelves a sacar el tema de nuestra Revolución... Se ve que no le tienes mucho cariño… *Anyway*… Yo sueño con que se profundice sobre esa doble ruptura en la forma tradicional de representar a Cristo: la que se dio con el descubrimiento del Mandilyon de Edesa, ya comentada, y la que se da en la Síndone.

THOMAS:
La segunda ruptura no la veo tan clara.

ANNE:
Yo, sí. Será por deformación profesional...

THOMAS:
Concreta.

ANNE:
Me refiero al modo como la Síndone describe la posición de los clavos −¡en la muñeca y no en la palma de la mano!− , al tipo de corona de espinas −¡es un casquete!−, a la flagelación integral de todo el cuerpo, no solo de la espalda: ¡es hipercruenta!... En la historia del arte, a nadie antes se le había ocurrido hacerlo así.

THOMAS:
Vale. Entendido. Por eso he visto que los convencidos de la autenticidad la llaman el Quinto Evangelio, porque añade información adicional a la de los cuatro Evangelios.

ANNE:
Más a mi favor... Y añadiría otro deseo: si finalmente se demuestra que la reliquia es una falsificación medieval, entonces seamos coherentes y reescribamos los libros de la historia de la fotografía, como antes hemos apuntado.

YVES:

Ahora que hablas de clavos, corona y flagelación, me gustaría aportar otro deseo: ojalá se aborde la hematohidrosis.

ANNE:

¿La hemato qué? Vosotros dos siempre me salís con términos raros.

YVES:

Te cuento. El Hombre de la Síndone presenta varios signos traumáticos que son específicos de la pasión de Cristo: la bofetada en casa de Caifás —se ve una hinchazón pronunciada en el pómulo izquierdo que presiona y cierra al ojo—, la flagelación, la corona de espinas, la no fractura de las piernas, que fue sustituida por la lanzada, etc. Pero resulta que hay otra señal específica de la pasión de Cristo y que solo la conocemos por el Evangelio de san Lucas.

ANNE:

Esa hemato-algo, ¿verdad?

YVES:

Sí, la hematohidrosis. Jesús sudó sangre en el Huerto de Getsemaní. A este fenómeno se lo conoce con este nombre tan raro para ti.

ANNE:

¿Se puede llegar a sudar sangre? Me parece ciencia ficción.

YVES:

Por supuesto. Se han documentado varios casos a lo largo de la historia. Ante situaciones de mucha angustia, se produce una ruptura de los vasos sanguíneos capilares que rodean las glándulas sudoríparas y la sangre fluye mezclada con el sudor. ¿No os parece que sería formidable que se encontrara algún vestigio de este trauma en el Hombre de la Síndone?

THOMAS:

¡Vaya!, te veo cada vez más decantado hacia la autenticidad. Te respondo con otra pregunta: ¿no te parece significativo que llevemos tanto tiempo sin que haya surgido algún nuevo hallazgo sindonológico relevante, de esos que sacuden la opinión pública mundial?

YVES:

Los tiempos de silencio son normales en la ciencia. Por ejemplo, pasaron quince años hasta que se pudo demostrar la teoría de la relatividad de Einstein, y cuarenta y cinco para comprobar la teoría del Big Bang de Lemaître. La sindonología no es una excepción.

ANNE:

¿A qué te refieres?

YVES:

A mi entender, la ciencia de la Síndone ha pasado por tres momentos de silencio. Tras su etapa inicial, con la primera fotografía y los primeros estudios científicos e históricos, se entró en un silencio de unos treinta años. ¿Sabíais que Secondo Pia padeció un calvario de narices porque lo acusaron de haber trucado la fotografía?

THOMAS:
Sí, lo he leído.

ANNE:
No tenía ni idea. ¡Qué fuerte!

YVES:
Las cosas sucedieron más o menos así. Secondo Pia realizó la fotografía en 1898 y se hizo popular, aunque algunos empezaron a decir que era un truco. Dos años más tarde, en 1900, el historiador Chevalier rebatió la autenticidad de la reliquia publicando un libro. La sombra de la sospecha se cernió sobre Secondo. Aunque otro historiador francés se puso de su lado y publicó también un libro en 1900, la realidad es que hasta 1931 no se volvió a realizar una segunda fotografía, la del fotógrafo profesional Giussepe Enrie. Entonces se confirmó el fenómeno del "negativo fotográfico" y Secondo fue rehabilitado: ¡de 1898 a 1931 van treinta y tres años en los que estuvo bajo sospecha de fraude!

ANNE:
Realmente curioso. ¿Y los otros dos silencios?

YVES:
Tras la foto de Enrie, se reactivó la sindonología: el citado Barbet realizó sus estudios médicos y el también mencionado Rinaldi extendió la nueva ciencia por EE.UU. Todo esto ocurrió entre 1931 y 1941. Luego se produjo otro gran silencio hasta 1976: ¡de treinta y cinco años!

ANNE:
Y entonces llegó Jackson.

YVES:
Exacto. El descubrimiento de la tridimensionalidad de la imagen de la Síndone, en 1976, inauguró la década dorada de la sindonología. Este gran hallazgo motivó el desembarco de los científicos norteamericanos –el mencionado STURP–, el documental de David Rolfe –*The Silent Witness*, por el que le dieron un premio–, la publicación de un famoso artículo en *National Geographic* que califica la reliquia como «uno de los enigmas más desconcertantes de los tiempos modernos». También vino la controversia con McCrone, que fue el primer científico en tratar de demostrar que es una pintura medieval. Finalmente, llegaron los estudios bioquímicos de Adler sobre la sangre del Hombre de la Síndone y la publicación de los estudios de polen de Max Frei... ¡Vamos, un no parar de noticias espectaculares!

THOMAS:
Muy bonito, pero en 1988 irrumpió la prueba del carbono 14, que dio la razón a McCrone, y se produjo el gran apagón mediático: la Síndone dejó de ser noticia. Y, desde entonces, ya han pasado treinta y cinco años sin nada relevante. ¡Absolutamente nada!

YVES:
Lo matizaría un poco, porque el hallazgo de Rogers de 2005 sí que me parece relevante: como antes he dicho, puso en entredicho la representatividad de la muestra utilizada para la prueba del radiocarbono. Y respecto a

los restos de pintura que McCrone dijo encontrar, aunque él nunca tuvo acceso directo a la reliquia –solo a unas muestras–, pudieron originarse por el contacto que tuvo la Síndone con las copias que se hicieron de ella en varios momentos; por lo visto, era habitual pintar copias y luego ponerlas en contacto con la reliquia para que quedaran "santificadas".

ANNE:
¡Bien defendido, Yves!

YVES:
Añado algo más: si bien es cierto que se produjo un apagón mediático, también lo es que el carbono 14 produjo el boom científico de la Sindonología.

THOMAS:
No lo veo así.

YVES:
Me refiero solo al aspecto cuantitativo: es impresionante la cantidad de artículos, libros y audiovisuales que se han producido desde 1988. Al ritmo que vamos, quizá surja pronto un hallazgo científico que invalide definitivamente el resultado del carbono 14 y demuestre la autenticidad de la reliquia.

THOMAS:
Eso habrá que verlo.

YVES:
Sí, con el ojo de tu padre…

ANNE:
(Estalla en carcajada) ¡Ja! ¡Ja! ¡Ja! Hoy estás sembrado, Yves *(sigue riendo con ganas).*

THOMAS:
(Con cara muy seria) Lamentable... Los chistes están para otra cosa.

YVES:
Lo siento, me lo has puesto a huevo.

THOMAS:
Lamentable…

YVES:
Vale, te he dicho que lo siento, ¿no?

ANNE:
Calma, señores.

Breve pausa embarazosa.

ANNE:
(Haciendo un gesto a YVES con la mirada para cambiar de tema) Por cierto: ¡tengo una sorpresa!

YVES:
¿Cuál?

ANNE:
He conseguido el último documental de David Rolfe sobre la Sábana Santa. Dura una hora y media. Es de hace un año. Se titula *Who Can He Be?* ¿Os apetece verlo?

YVES:
¡Desde luego!

THOMAS sigue enfadado, sin decir palabra.
Los tres se trasladan a la sala de estar.
Se sientan en el sofá frente al televisor y empiezan a ver el documental.

ACTO 3º

ESCENA 1

En la sala de estar.
Los tres siguen sentados frente al televisor.
Acaba de terminar el documental.

ANNE:
Fin *(apaga con el mando el televisor y se levanta).*

THOMAS también se levanta. YVES se queda sentado,
con la cabeza metida entre sus manos.

ANNE:
¿Qué te pasa, Yves? Se te ve muy pensativo.

Pausa. Silencio.

ANNE:
¡Yves, reacciona! Cuando te pones en plan científico
despistado, no te soporto.

YVES:
¡¿Por qué nadie me lo dijo antes?!

THOMAS:
¿El qué?

YVES:
Dejadme que haga una llamada *(llama con el móvil y enseguida le contestan)*. Hola…

ANNE:
¿Quién es?

YVES:
(Tapando con su mano el auricular del móvil) Mi mujer. *(Continúa hablando por el móvil)* Cariño, ¿puedes mirar el artículo de *Nature* que tengo abierto en mi ordenador? Busca la palabra "protocolo" y dime si hacen alguna referencia a que no siguieron el protocolo inicialmente recomendado. Llámame cuando lo hayas hecho, por favor *(se levanta del sofá y empieza a pasear por la sala de estar, con la mirada todavía perdida)*.

Breve pausa.

THOMAS:
¡No metas a tu mujer en esto!

YVES:
¡No! Tengo que saberlo. *(Suena su móvil y escucha en silencio)* Gracias, cariño. Un beso. Adiós.

Pausa.

ANNE:
¿Y?…

YVES:
¡Nada! ¡Ni una sola mención!

ANNE:
¿Importa?

YVES:
¡Mucho! No se siguió el protocolo inicialmente previsto para la prueba del carbono 14. Lo habéis visto igual que yo en el documental: no hicieron caso a las graves advertencias de ese tal Gove, uno de los inventores de la técnica moderna del carbono 14 y el principal promotor de la aplicación de este test sobre la Síndone. Pero lo malo no es eso; lo tremendo es que no dieron explicaciones de por qué se habían apartado del protocolo inicial.

ANNE:
Menos mal que no siguieron ese protocolo porque, si hubieran tomado las siete muestras previstas, repartidas por toda la Síndone, habrían dejado la reliquia hecha un colador.

THOMAS:
Y, según el documental, fue el arzobispo de Turín el que decidió no seguirlo. La revista *Nature* no tiene ninguna culpa.

YVES:
No niego ni lo uno ni lo otro. Pero me parece grave que *Nature* no hiciera referencia a esto en su artículo de 1989. En todo test es muy importante conocer el contexto y sus límites. Da la impresión de que la prestigiosa revista y, por ende, los tres laboratorios y el *British Museum* tuvieron prisa en marcarse el tanto del descubrimiento de un fraude, que siempre es noticia

más golosa que la de la simple confirmación de una autenticidad. Visto el documental, y conociendo los límites del test del carbono 14, me llama la atención la rotundidad con que *Nature* afirma que se trata de una pieza medieval.

ANNE:
(Todavía de pie y revisando las notas que ha dejado en la mesa del comedor) Entendido. Y lo mismo se podría decir de los tres protagonistas de la rueda de prensa en el *British Museum*, el 14 de octubre de 1988, cuando afirmaron, también con rotundidad, que la reliquia era una falsificación medieval. ¡Mirad su foto en las escaleras del museo! *(Saca un recorte de prensa y lo muestra en alto)* Su lenguaje postural lo dice todo: es orgulloso, triunfalista y desafiante.

YVES:
(Toma el recorte de ANNE y lo mira intensamente) ¡Es verdad! Son especialmente arrogantes las declaraciones del director del laboratorio de datación de Oxford. Os las leo porque no tienen desperdicio:

> Sin duda, todavía hay gente que cree que la tierra es plana. Por supuesto, ninguna persona inteligente les hace caso. Estoy seguro de que con respecto a la Síndone también hay ignorantes (…). Se acabó: la Síndone es una pequeña basura.

THOMAS:
¡Pero esto no invalida los resultados de los tres laboratorios!

YVES:
No, pero introduce la sospecha de que existía un cierto sesgo de intenciones en los responsables del test del carbono 14. En estudios similares, no seguir el protocolo inicial habría sido razón más que suficiente para poner en duda el rigor de la prueba. Todos sabemos que el radiocarbono puede fallar si no se cumplen determinadas condiciones.

THOMAS:
¿Sesgo de intenciones? ¡Exageras!

YVES:
(Se lleva las manos a la cabeza, cierra los ojos y guarda unos segundos de silencio antes de volver a hablar) ¡Decidido!

THOMAS:
¿El qué?

YVES:
Cambio mi postura: ¡me decanto por la autenticidad de la Síndone! Se trata del lienzo que envolvió el cuerpo-cadáver de Jesús.

ANNE:
¡Genial!

YVES:
Ves…, ¡lo has vuelto a decir!

ANNE:
La ocasión lo merece: ¡es genial!, ya somos dos contra uno, ¡ja!, ¡ja!

THOMAS:
Me da igual quedarme solo. Es una simple cuestión opinable.

YVES:
Thomas, ¿no te das cuenta de que, si es auténtica, con lo que ahora sabemos por la sindonología, seguramente fue Jesús quien produjo esa imagen misteriosa?

THOMAS:
¿Y bien?

YVES:
Podríamos estar ante una evidencia científica de la resurrección de Cristo. Una prueba científica de que Jesús es Dios.

ANNE:
Palabras fuertes…

THOMAS:
(Elevando la voz) ¡Estás muy equivocado, Yves! ¡Lo que has dicho es una extrapolación incorrecta! Es impropio de un científico de tu talla.

YVES:
(Con rostro ofendido por la agresividad de Thomas) ¿Impropio? ¿Equivocado? Lo siento, Thomas, la ciencia me lo exige: ¿no piensas que debería hacerme católico como tú y volver a la fe de mis abuelos?

THOMAS:
¡Que no!

ANNE:

Me diréis que soy mala, pero empiezo a divertirme... Nunca os había visto tan enconados. Señores, hay que saber tomar distancia...

THOMAS:

Si quieres tomar distancia, déjanos solos a Yves y a mí...

ANNE:

Me sorprende tu poca empatía. ¿Te molestaría que Yves se hiciera católico como tú?

THOMAS:

No me refiero a eso. ¡Qué más querría yo!

ANNE:

¿Y entonces?

THOMAS:

Me refiero a su conclusión.

ANNE:

Eso, la de hacerse católico. Deberías alegrarte. Eres el padrino de bautizo de su hijo.

THOMAS:

¡Que no es eso! ¡Estáis en otra onda!

ANNE:

Pues pon un poco más de tu parte para que sintonicemos, ¿no? *(Se sonríe y hace un guiño a YVES).*

THOMAS invita a ANNE y a YVES a sentarse de nuevo en el sofá.

THOMAS:
¡A ver si me entendéis! Recordemos lo que ha dicho Yves esta mañana: estamos ante un asunto que provoca apasionamiento, ¿OK?

ANNE:
OK.

THOMAS:
Pues bien, este apasionamiento es fruto de un error de partida.

ANNE:
¿Cuál?

YVES:
Eso, ¿cuál?

THOMAS:
La polémica estalla cuando algunos ateos piensan que se verán obligados a aceptar la divinidad de Cristo si la reliquia resulta auténtica. Por el otro lado, también surge la polémica cuando algunos creyentes ven amenazada su fe si se pone en duda la autenticidad de la Síndone. Tu amigo Delage lo entendió en su justo término: él no tenía problema para hacer compatible su agnosticismo con la aceptación de que Jesús fue un personaje histórico y real.

YVES:
Pero Delage no conocía lo que ahora sabemos: imagen tridimensional, sangre de varón tipo AB, radiación lu-

minotérmica de naturaleza desconocida, incapacidad para reproducir en un laboratorio el fenómeno de la formación de la imagen... Incluso algunos científicos afirman que hay signos de vida en el rostro del Hombre de la Síndone: en concreto, el surco nasogeniano.

ANNE:
¿Surco nasogeniano? Otra vez con jerga técnica...

YVES:
Es el pliegue que se extiende desde cada lado de la nariz hasta las comisuras de la boca. Con la edad, se vuelve más prominente. Y desaparece en los cadáveres.

THOMAS:
Aun así, la realidad es esta: ¡no puede existir una evidencia o prueba científico-experimental de la resurrección de Jesús!

ANNE:
¿Y de la existencia de Dios?

THOMAS:
Tampoco. ¿Y de la existencia del alma? Tampoco... Dios, alma, resurrección: tres realidades metaempíricas que nunca podrán ser demostradas por la ciencia experimental. El laboratorio no puede afirmar ni negar a Dios; y tampoco existe ningún test de laboratorio para probar la divinidad del Hombre de la Síndone.

YVES:
(Haciendo un guiño a ANNE) Como teólogo, deberías alegrarte de que la ciencia experimental me lleve a acep-

tar la resurrección de Cristo. Además, pienso que te contradices. Antes has dicho que hay conocimientos científicos perfomativos: de esos que nos hacen "mover el culo", por usar tus mismas palabras.

THOMAS:
Te hacen mover el trasero –quizá prefieres este término– para que des el salto a la creencia, no a la evidencia empírica. ¡Tú pretendes cargarte la fe!

ANNE:
Yves no ha dicho eso.

THOMAS:
¡Sí lo ha dicho!

ANNE:
No, señor *(vuelve a sonreír y hace un guiño a YVES)*.

THOMAS:
¡Sí, señora!

YVES:
Tranquilízate, Thomas. Quizá Dios tenía reservada esta reliquia para provocar nuestra aceptación en el momento de máximo esplendor de la ciencia y de la tecnología.

ANNE:
Sí, que además coincide con el de máximo esplendor del ateísmo-agnosticismo, ¡ja!, ¡ja!, ¡ja!

THOMAS:
¡Que no, pesados! Ni siquiera a los testigos de Cristo resucitado se les ahorró la fe. Recordad lo que Jesús dijo a Tomás apóstol:

Trae aquí tu dedo: aquí están mis manos.
Acerca tu mano: métela en mi costado.
En adelante no seas incrédulo, sino creyente.
Tomas respondió: «¡Señor mío y Dios mío!
Jesús le dijo: «porque me has visto, has creído».

ANNE:
¿Y?

THOMAS:
¿No lo ves?

ANNE:
No, no, di.

THOMAS:
El Apóstol está tocando, está palpando, está viendo a Cristo resucitado y, aun así, ¿qué le dice Jesús?

ANNE:
Tú dirás.

THOMAS:
Le dice sé CREYENTE... y has CREÍDO.

ANNE:
Sí, no soy tonta, esto ya te lo he escuchado. Pero ¿y?

THOMAS:
¡Pues lo...! *(Hace un esfuerzo por contenerse)*.

Breve pausa.

Pues que podría haberle dicho: «Porque me has visto, to-
cado y palpado, has caído en la evidencia de que soy tu
Señor y Dios». ¡Pero no, señora! Dios nunca se nos presenta como algo evidente para la inteligencia. Nos pide
siempre confianza, abandono, fe. Incluso los más cerca-
nos al Resucitado tuvieron que hacer un ACTO DE FE.

YVES:
¿Y para qué sirven entonces los milagros?

ANNE:
Eso, los milagros. Los católicos os apoyáis en ellos para
aceptar a Dios.

THOMAS:
Pero sin excluir la fe.

ANNE:
(Con cara sonriente y algo burlona) A ver, Thomas, si los
católicos aceptáis cosas tan increíbles como la que Dios
está en un trozo de pan, ¿qué pega tienes para que Yves
apueste por la resurrección de Jesús gracias al "milagro"
de la Síndone?

THOMAS:
Lo que tú llamas pan es la eucaristía.

ANNE:
Para mí es pan.

THOMAS:
Vale, para ti, pan... Pero para mí es una cuestión de fe,
no de evidencia científica: creo que Cristo se hace real y

verdaderamente presente en el pan y en el vino consa-
grados.

ANNE:
¡Demasiado fuerte! ¿Dios presente en un pan?

THOMAS:
¿De qué te extrañas? Los hombres hemos sido capaces,
gracias a la tecnología, de hacer presentes a las personas
en un objeto.

YVES:
¿Has dicho tecnología?

THOMAS:
Sí, Yves, tecnología.

ANNE:
¿Qué objeto?

THOMAS:
El móvil.

ANNE:
¿Qué quieres decir?

THOMAS:
Antes, cuando Yves se ha puesto a hablar por teléfono y
le he preguntado quién era, ¿qué me ha contestado?

ANNE:
Mi mujer.

THOMAS:
Ahí lo tienes. Salvando las distancias, su mujer se ha hecho "presente" en el móvil.

ANNE:
Visto así…

THOMAS:
Y como Dios es más poderoso que nosotros, cuando se hace presente, no lo hace en un electrodoméstico, sino en un alimento y de forma permanente, para que se pueda comer y nos hagamos uno con Él.

YVES:
No nos despistes con nuevos temas, aunque suenen a tecnología…

THOMAS:
Ha sido ella la que ha abierto esa lata…

YVES:
¡Qué más da! Insisto en lo de antes: la Síndone podría ser un milagro –revelado por la ciencia– para mostrarnos la evidencia científica de la resurrección.

THOMAS:
Yo también insisto en lo mío. Los milagros son lo que la teología llama "signos de credibilidad": hacen razonable creer, pero no muestran la fe como algo evidente, empírico o puramente natural.

ANNE:
Sí, esto ya te lo hemos oído otras veces: tanto el creyente como el ateo tienen que dar un salto en el vacío –acto de

fe– para aceptar o negar al Dios que se revela, algo que sobrepasa el conocimiento experimental, aunque no lo contradiga. Pero…

THOMAS:
Así es.

YVES:
Pues yo me siento ahora como Pedro y Juan, que fueron al sepulcro y lo vieron "milagrosamente" vacío, con los lienzos plegados porque se había "esfumado" el cuerpo de Jesús. Me parece que esta mañana hemos hablado de esto… Imaginaos lo que pudo pasar: el cuerpo del Hombre de la Síndone de repente se convierte en luz intensa e instantánea –la materia es energía, ya lo dijo Einstein–, como un flash fotográfico, y, en pocos instantes, escapa de nuestro espacio y tiempo, y se sitúa en una nueva dimensión; en simultáneo, la tela superior que lo envuelve cae por efecto de la gravedad y se va plegando mientras es "radiada" por las dos caras. ¡Así de sorprendente!: esa parte superior de la tela tiene imagen por los dos lados, la que tocaba al cuerpo y la exterior; en cambio, la tela de abajo, sobre la que reposaba el cuerpo yacente, solo contiene imagen en la cara en contacto con el cadáver.

THOMAS:
De acuerdo: el sepulcro vacío es un tema clave. Pero no es una evidencia científica de la resurrección, aunque sí conveniente, porque habría sido muy difícil creer en ella con el cadáver presente en el sepulcro. No obstante, recuerda lo que dice Juan en ese mismo pasaje: fue al sepulcro, "vio y creyó". De nuevo, la fe es necesaria.

YVES:

Mira por dónde, yo quiero tener certeza de Dios: evidencia científica de que Cristo resucitó.

THOMAS:

(Levantándose del sofá con rostro acalorado) ¡No puedes, maldita sea! Los científicos queréis reducirlo todo a categorías empíricas. La ciencia experimental es como cartografiar el continente africano por medio de un barco, como se hacía en los inicios de la cartografía: paulatinamente, puedes describir con mayor grado de detalle el relieve costero, pero si quieres conocer el interior del continente –lo metaoceánico–, debes cambiar de medio de transporte: ir a pie, en bicicleta, a caballo...; pero no puedes adentrarte en tierra firme con el barco. Y, mientras no te adentres, puedes pensar que no hay nada tierra adentro, o que solo hay un gran abismo; o puedes creer que hay dragones; o puedes imaginarte que existen unas hermosas tierras vírgenes, como así fue.

YVES:

Me das la razón. Primero cartografiamos África, luego la exploramos, y ahora no tiene secretos para nosotros. Mira lo que pasó con las ondas gravitacionales: intuíamos que existían desde Einstein, y las hemos "escuchado" hace poco. Y algo similar ocurrió con el bosón de Higgs...

THOMAS:

Ya veo que no me sigues. Para poder explorar África, tuvimos que dejar el barco en la orilla. Y aquí barco significa ciencia experimental. Las ondas gravitacionales y el bosón son de naturaleza material, por eso podemos "escucharlas" o "verlo", experimentarlos... Dios y el alma son puramente espirituales: nunca podrán ser vistos o escuchados en el laboratorio.

ANNE:
¿Cartografía, océano, barcos? Se te va la olla.

THOMAS:
Lo que he querido decir, Anne, es que, para alcanzar lo metaempírico −Dios, alma, resurrección−, debes abandonar el barco de la ciencia experimental y subirte a otro medio de transporte intelectual: la filosofía −lo metafísico− y la teología −lo metanatural o sobrenatural−. Las ciencias naturales te llevan al límite de lo experimental, pero, a partir de allí, entra en juego otro tipo de racionalidad. La fe es fe precisamente porque no es demostrable empíricamente.

YVES:
Me parece que tu tocayo Tomás de Aquino te corregiría, porque él hablaba de las cinco pruebas o vías para alcanzar a Dios racionalmente. Y, antes que él, lo hizo Aristóteles.

THOMAS:
Yo no he dicho que no podamos probar la existencia de Dios racionalmente.

YVES:
¡Pero si lo acabas de decir hace un segundo!

THOMAS:
¡No! Yo he dicho que no podemos probar la existencia de Dios con evidencias empíricas. Pero sí podemos ha-

cerlo con la filosofía. Y esta es un "medio de transporte" distinto de la ciencia experimental. Aunque te advierto de una cosa: desde que los intelectuales decidieron dar muerte a la metafísica, muy pocos saben llegar al Dios único a través de las cinco pruebas de santo Tomás. Y para los asuntos cien por cien sobrenaturales, como es la resurrección, tampoco sirve la filosofía; solo la teología —es decir, la fe— los alcanza.

YVES:
No me convences. Yo apuesto por la posibilidad de la evidencia científica de Dios, del alma, de Cristo-Dios…

ANNE:
Eso, déjalo tranquilo con esta opción, Thomas. Nosotros siempre nos hemos respetado en nuestras opciones y convicciones religiosas.

THOMAS:
¡Sois tercos!

YVES:
No lo soy.

THOMAS:
Lo eres.

YVES:
Soy científico: ¿te molesta mi modo de razonar?

THOMAS:
(Inhalando profundamente) Voy a intentarlo de nuevo, Yves. Aunque soy teólogo, siempre me ha atraído la

ciencia; sabes que me gusta mucho... Y pienso que la ciencia empírica nunca ha estado tan cerca de la fe católica como ahora: todos los últimos grandes hallazgos experimentales parecen apuntar hacia ella, haciéndola muy razonable. Ya lo dijo nuestro gran Pasteur: «Un poco de ciencia aleja de Dios, pero mucha ciencia devuelve a Él». Pero ciencia y fe se mueven en planos distintos. Una cosa es la visión y otra, la fe. Y para los temas sobrenaturales, estamos en la fase de la fe; la visión se reserva para la otra vida... Te lo diré más claro: incluso algunos de los testigos oculares de Cristo resucitado dudaron.

YVES:
¿Cómo lo sabes?

THOMAS:
Anne, ¿tienes alguna Biblia en casa?

ANNE:
Solo la Biblia hebrea.

THOMAS:
No me sirve. Pero no importa. Lo consulto por Internet. *(Juega con el buscador de su móvil)* Aquí está. Mateo 18, 16:

> Tras la resurrección... los once discípulos marcharon a Galilea, al monte que Jesús les había indicado. Y en cuanto lo vieron, lo adoraron; pero otros dudaron.

YVES:
¿Y?

THOMAS:
Pues eso: ¡algunos dudaron!

ANNE:
Bien. ¿Y?

THOMAS:
¡Os doy por inútiles!

YVES:
Tranquilízate.

THOMAS:
¡Os acabo de mostrar otro claro ejemplo de que la fe es totalmente libre respecto de los sentidos, y vosotros como si nada!... Si algunos dudaron después de ver a Cristo resucitado, mucho más lícito sería que existieran dudas respecto de la resurrección, aunque la Síndone fuera auténtica. Esta reliquia nunca podrá "obligarnos" a aceptar la divinidad de Cristo.

ANNE:
(Con una sonrisa pícara) ¡Ahora lo entiendo todo! Lo único que te importa es tu estatus social... Tienes miedo de quedarte sin trabajo. Si existiera certeza empírica de todo lo sobrenatural, en ese momento la fe quedaría invalidada y, con ella, la enseñanza de la teología...

YVES:
(Hace un guiño a ANNE) Ah, si es por eso, rectifico. No me gustaría verte en el paro después de tantos años de brillante carrera, ¡ja!, ¡ja!, ¡ja!

THOMAS:
¡Eres un idiota!

YVES:
Vale, vale, calma… ¿Qué te pasa?

ANNE:
¡Tarjeta roja, Thomas! Has pasado al ataque personal.

THOMAS:
¡No te metas más por medio! Es un asunto entre Yves y yo.

ANNE:
¿Me excluyes?

THOMAS:
¡Sí!

ANNE:
¿Porque soy mujer?

Breve pausa.

THOMAS:
(Tomando de nuevo aire y haciendo esfuerzos por serenarse y moderar el tono de su voz) Ni porque eres mujer ni por ser judía… Aunque no deja de sorprenderme que, siendo judía, apuestes tan decididamente por la autenticidad de la Síndone.

ANNE:
¿Por qué te extrañas? También hay protestantes que son forofos de la Síndone, a pesar de que las reliquias católicas les producen urticaria.

THOMAS:

Lo de los protestantes tiene su explicación. Ellos han sufrido más que los católicos el empobrecimiento de su fe al disociar el "Cristo de la fe" del "Jesús de la historia". Muchos piensan que de Jesús se conoce con certeza más bien poco, solo lo que muestran los hallazgos arqueológicos y algunos pocos documentos. Ese es el Jesús de la historia, el auténtico, según ellos. En cambio, lo que dicen los Evangelios es una versión sublimada –no histórica– de la primera comunidad de creyentes: el Cristo de la fe.

YVES:

¿Qué tiene que ver todo esto con la Síndone?

THOMAS:

Mucho. Algunos protestantes piadosos y eruditos sueñan con que un día se demuestre la autenticidad de la reliquia. Porque, ese día, la reliquia dejaría de ser una simple reliquia y se convertiría en el documento histórico más cercano a la figura de Jesús: el testigo oculto y silencioso de las últimas horas de Cristo en la tierra. Y resulta que todo lo que describe la Síndone, como hemos visto, coincide perfectamente con la narración evangélica. Por tanto, se desmontaría de un plumazo la teoría del Cristo de la fe *versus* el Jesús de la historia.

YVES:

(Con voz más serena y conciliadora) Interesante... Menos mal: volvemos a tener un diálogo constructivo... Me parece que algunos musulmanes también miran con aprecio la reliquia. Por lo visto, ellos consideran a Jesús

como el segundo mayor profeta, después de Mahoma, claro está. Y aseguran que Jesús no murió, que fue trasportado al cielo antes de que lo mataran. Y como hay signos de vida en el Hombre de la Síndone –antes lo hemos comentado–, los musulmanes están contentos: consideran que se les está dando la razón.

THOMAS:
(También más sereno) No lo sabía; pero tiene su lógica. En cambio, que una judía creyente como Anne apueste por la autenticidad de la Síndone, no sé..., es como tirarse piedras sobre el propio tejado, ¿no?

ANNE:
Ya sabes, pertenezco al Pueblo Escogido *(se ríe)*. Y hoy, por primera vez, me siento "escogida" *(hace un gesto con las dos manos para enfatizar las comillas)* para mostrar a los tibios católicos como tú la verdad sobre la Síndone. Estáis más preocupados de vuestro estatus social que de la verdad. ¡Ja! ¡Ja! ¡Ja!...

YVES también se ríe con ganas.
A THOMAS se le ve indignado, como queriendo decir algo, pero dudando.
Pausa.

THOMAS:
¿También te sentiste "escogida" *(imita el mismo gesto de las comillas de ANNE)* cuando decidiste el destino de tu primera hija?

Pausa.

ANNE:
¡Este ha sido un golpe bajo! ¡Eres un capullo! *(Se levanta del sofá indignada y se dirige hacia la ventana de la sala de estar).*

YVES también se levanta del sofá, con cara seria, y se pone a pasear por la sala.
THOMAS, que era el único que estaba de pie, se deja caer en el sofá, como abatido, y fija su mirada en el suelo.
Los tres en silencio.

Pausa larga.

ESCENA 2

En la sala de estar. Todos siguen serios y en silencio.
ANNE de espaldas, mirando por la ventana.
THOMAS continúa sentado en el sofá.
YVES no deja de pasear.

ANNE:
(Con voz irritada) ¡Y para colmo, está lloviendo a cántaros! ¡Con lo bonito que había empezado el día!

YVES:
(Dejando de pasear y mirando con severidad a THOMAS) Esto es impropio de ti. ¡Discúlpate con Anne ahora mismo!

THOMAS:
(Susurrando) Hoy no tengo fuerzas para nada…

YVES:
¡¿Qué has dicho?!… Escoge: ¡o te disculpas o, con el permiso de Anne, te largo de esta casa!

ANNE:
(Dándose la vuelta con cara de cólera) ¡Déjalo estar! ¡Está más borde que nunca!

YVES:
¡Esto no puede quedar así!

Nueva pausa embarazosa.
No se miran.
A ANNE le saltan dos lagrimones.

ANNE:
(Balbucea y se arranca) No tuve opción... Ni mis padres ni mi marido ni mi entorno me hubieran apoyado. El único que intentó disuadirme fuiste tú, Thomas. Pero solo para recordarme mis deberes morales. Lo sé...; me hablaste con delicadeza y yo me puse hecha una fiera: te insulté y, durante un tiempo, te traté injustamente... Te di donde sabía que más te dolería: en tu estatus social... Solo verte me hacía recordar y me llenaba de rabia. Me irritaba especialmente que no te revolvieras, que aguantaras en silencio mis ofensas... Pasó el tiempo y rectifiqué. Pensé que habíamos pasado página...

YVES:
¡Olvídalo! Hoy, Thomas, no se merece que le dediques un segundo más.

ANNE:
¡No! ¡Prefiero hablar!

YVES:
Por favor, pasa...

ANNE:
No, no, llevo mucho tiempo callada sin poder compartirlo con nadie. ¡Necesito abrir mi armario interior!... Me quedé

embarazada al poco de casarme. Estaba feliz. Nos dijeron que sería niña. En mi interior, ya le puse nombre…, y proyecté toda su vida: ropitas, amigas, estudios, aficiones, profesión, boda… Luego vino el mazazo: venía con una discapacidad grave. Yo era muy joven. Tenía miedo. Los médicos me lo pusieron muy fácil. Todos me lo pusieron en bandeja… No tengo madera de heroína. Hice lo que pude. Todos los días me acuerdo de esa decisión. Es una herida siempre abierta que me la tengo que curar yo sola, en silencio. A veces sueño con ella, y hablamos largo rato…, y le pido perdón… *(Gime y se pone a llorar)*.

YVES:
¿Satisfecho, Thomas? Es lo que querías, ¿verdad?

THOMAS está mudo, ensimismado, con cara triste.

ANNE:
(Con los ojos enrojecidos) ¡Thomas, me importa una mierda cómo me juzgues!

THOMAS:
(Con voz apagada) No lo hago.

ANNE:
¡Sí! ¡Sí lo haces!

THOMAS:
Si tú lo dices…

ANNE:
Tú siempre lo has tenido muy fácil: una mujer encanta-dora que te quiere, cinco hijos sanos y bien educados.

¡Un trabajo estable toda tu puta vida! ¿Cómo era lo que se decía de ti? Ah, sí: «El catedrático más joven de París»... ¡Siempre todo asquerosamente perfecto!

YVES:
Excepto hoy, que ha llegado tarde...

ANNE:
Para, Yves, no empieces... Estoy hablando yo.

YVES:
Disculpa.

ANNE:
Thomas, es muy fácil teorizar sobre la Síndone o la vida de los otros. ¡Míranos!: Yves, atormentado porque tiene hijo adicto al porno... Yo, abandonada por mi marido... Y tú, nada... Pero la cruda realidad aparece cuando menos se espera, y entonces se manifiesta lo que realmente somos... ¡Dime! ¿Cómo te mostrarás si algún día te visita el DOLOR con mayúsculas?

Pausa larga. Silencio embarazoso.
ANNE de pie en una esquina.
YVES paseando ensimismado.
THOMAS sentado en el sofá. Se pone a llorar.
ANNE e YVES se miran desconcertados.

THOMAS:
(Con voz llorosa) Esta mañana el médico me ha adelantado los resultados justo cuando me disponía a comprar el vino y venirme para aquí. Por eso he llegado tarde. Por eso estoy hecho un borde... Perdonadme.

YVES:
¿De qué estás hablando?

ANNE:
¿Qué resultados?

THOMAS:
Entre seis meses y un año de vida...

YVES:
¡Pero qué dices!

THOMAS:
(Balbucea) Cáncer de páncreas con metástasis... No tuve síntomas hasta hace cuatro semanas. Todavía no lo sabe Emma: hoy está en casa de nuestra hija mayor, cuidando de nuestra primera nieta; no sé cómo decírselo *(llora)*.

ANNE:
¡Oh, no!, mierda. ¿Es seguro el diagnóstico?

THOMAS:
Prácticamente seguro. De la metástasis tienen que hacerme alguna prueba más.

YVES:
¡Maldita sea! ¿Por qué no lo has dicho antes?

THOMAS:
No quería aguar la fiesta, y a mi pesar lo he conseguido... No me lo acabo de creer. Estoy en shock.

YVES:
¡Buf!, no sé qué decir.

ANNE:
Ni yo…

Pausa larga.

THOMAS sigue sentado en el sofá, cubriéndose la cara con las manos para que no se le vea llorar.
ANNE está bloqueada, de pie, junto a la ventana.
YVES vuelve a pasear por la sala de estar, mirando al suelo, muy concentrado.

ANNE:
Ahora soy yo la que está en shock. Yves, piensa algo, por favor…

YVES sigue paseando.
Pausa.

YVES:
Creo que lo tengo.

ANNE:
¿Lo tienes?

YVES:
Se me ocurre algo…, aunque no estoy seguro de que funcione…

ANNE:
Cualquier cosa, Yves.

YVES:
En las últimas semanas, cuando me cogía un bajón por la situación de mi hijo –de la que me siento culpable–, hacía una cosa que me daba paz.

THOMAS:
(Con los ojos rojos y llorosos) ¿Qué?

YVES pone de nuevo el documental y congela la imagen con un primer plano del rostro de la Síndone.

YVES:
Vamos a contemplar un rato, en silencio, este rostro tan misterioso.

ANNE:
Buena idea.

Se sientan mirando al televisor.
Pasan unos pocos segundos de silenciosa contemplación.

ANNE:
(Susurrando) ¡Qué rostro tan sereno y majestuoso!

YVES:
(También susurrando) Sí, tiene una gran dignidad interna: desprende sosiego, resignación, paz, bondad…

ANNE:
(Dirigiéndose a su asistente virtual en voz alta y clara) "Alexa", pon "El Mesías" de Haendel.

Empieza a sonar la música.
Se les ve en total silencio, con cara seria, pero serena, en meditación profunda.

ESCENA 3

En la sala de estar.
Los tres siguen sentados y en silencio.
Está sonando la parte del Aleluya del Mesías.

THOMAS:
(Musitando repetidamente) Vultum tuum, Dómine, requi-
ram... Buscaré tu rostro, Señor... *Vultum tuum, Dó-*
mine, requiram...

YVES:
(Mirando al reloj) ¡Ahivá! Si ha pasado más de una hora.

ANNE:
(Se pone de pie de un salto y abre los brazos dirigiéndose a
THOMAS) Ven aquí...

ANNE y THOMAS se funden en un largo abrazo.
Ambos se sorben las lágrimas.

THOMAS:
(Balbuceando y abrazado a ANNE) Perdóname. Siento
mucho, mucho, mucho mi comentario machista de antes.

ANNE:
Está olvidado.

THOMAS:
De tu elección, yo soy el primer responsable porque, en su momento, me inhibí. Recuerdo que vino a verme Jérôme Lejeune y me pidió apoyo para su causa en favor de la vida de los niños Down. Él ya lo había perdido todo: su posibilidad de premio Nobel, su reputación internacional, la financiación estatal, el apoyo de sus colegas... Él fue un valiente y así se lo pagamos: convertimos al famoso padre de la medicina genética en un don nadie. En cambio, yo me inhibí. No quise apoyarle. Fui cobarde. No quería perder mi recién estrenada reputación en el ámbito universitario: ¡mi maldito estatus social! Me inhibí, me inhibí, me inhibí... Y ahora son setenta y tres millones de vidas al año que no ven la luz, y otras tantas vidas –de mujeres como tú– que quedan heridas...

ANNE:
Déjalo ya. Decidimos pasar página, ¿no te acuerdas?

THOMAS:
(Todavía abrazado a ANNE) Cierto, pero necesitaba expresarlo. La sociedad entera es responsable... Pero solo vosotras pagáis los platos rotos... Os hemos dejado tiradas... No sois culpables, sois víctimas. Discúlpame.

THOMAS se suelta de ANNE y se dirige a YVES para darle otro abrazo.

Perdóname tú también.

YVES:
(Abrazado a su amigo) Nada que perdonar. Por primera vez nos hemos librado de tus chistes malos.

Los tres se miran y se ríen.

THOMAS:
(Sonándole el móvil) Hola, doctor... ¿De verdad?... Sí...
Sí... Entiendo... Muchas gracias. Adiós.

ANNE:
¿Qué te ha dicho?

THOMAS:
(Con cara más animada) Existe un resquicio de espe-
ranza.

YVES:
¡Venga, dilo! ¿Qué?

THOMAS:
Puede que no haya metástasis.

ANNE:
En ese caso, ¿cuál sería el pronóstico?

THOMAS:
El páncreas me lo van a extirpar sí o sí. Pero si no hay
metástasis, podría vivir con un buen puñado de pasti-
llas.

ANNE:
¡Esto sería una buenísima noticia!

YVES:
¡Ojalá tu Dios lo quiera!

THOMAS:
(Totalmente animado) Ojalá... Por cierto, Anne, ¿quieres oír un secreto?

ANNE:
Claro.

THOMAS:
Acércate.

ANNE se acerca a THOMAS y este le susurra algo al oído.

ANNE:
(Poniéndose muy contenta) ¡Oh, Thomas! ¡Thomas! ¡Muchísimas gracias! *(Le da tres besos)* ¡Esto hay que celebrarlo!

ANNE se retira a toda prisa a la cocina en busca de algo.

YVES:
(Con cara de curiosidad) ¿Qué le has dicho?

THOMAS:
Nada especial. Una simple consideración piadosa *(se ríe)*.

YVES:
Dímelo, por favor. Conozco muy bien a Anne y hacía tiempo que no la veía con esa cara de felicidad.

THOMAS:
Le he adivinado el nombre de su ángel de la guarda.

YVES:
¿Cuál?

THOMAS:
El de su primera hija…, la que le inspiró esa reacción "absurda" el día del atraco…

Llega ANNE con una bandeja con tres copas de buen champagne. Las reparte.

ANNE:
(Alzando la copa y mirando la pantalla del televisor, todavía con la imagen congelada del rostro de la Síndone) Brindemos por nuestra amistad y por ese rostro misterioso que, auténtico o no, nos ha reconciliado y sanado.

Golpean las copas y beben alegres.

YVES:
(Mirando su reloj) Se nos ha hecho muy tarde. Toca despedirse.

ANNE:
(Dirigiéndose de nuevo a la ventana de la sala de estar) De acuerdo, pero ¿qué os parece si, en lugar de reunirnos trimestralmente, nos vemos todas las semanas? *(Mira por la ventana)* Aunque solo sea para hablar del tiempo que, *by the way*, ha dejado de llover…

THOMAS:
Te lo agradezco mucho, Anne.

ANNE:
¿Tú qué dices, Yves?

YVES se pone rojo como un tomate e intenta decir algo, pero no le sale.

THOMAS:
¿Te has quedado mudo?

ANNE:
Vamos, Yves, ¿qué te parece?

YVES:
(Reventando) Me parece ¡GENIAL!

Todos estallan en carcajadas.

AGRADECIMIENTOS

Agradezco el tiempo que me han dedicado los familiares y amigos que se han prestado a leer el borrador de esta obra de teatro y me han ayudado a mejorarla con sus sabios consejos: Bea Recoder Fernández, José Gabriel López Antuñano, David Martínez, Juan Diego Bernal, Cristina Alonso Nicolás, Fede Doménech, Javier Blas, Eduardo Celorio, Emilio Vidri, Roser Fernández Mercadé, Bernardo Hontanilla, Santi Herraiz, José Manuel Martín Quemada, Natalia Sánchez de León Aldama, Cristina Rojas Estapé, Ricardo Vela Navarro-Rubio, Rafa Riquelme, María Fernández Capo, Ricardo Joan, Joan Fernández Capo y Dani Fernández Capo.

También va mi gratitud para los editores de Palabra.

Y, cómo no, mi especial agradecimiento para el Protagonista de este rostro misterioso que descubrí en mi infancia cuando un compañero de colegio me preguntó: «¿Quieres ver una foto de Jesús?». «Por supuesto», le contesté. Aquel día vi por primera vez el rostro de la Síndone y empezó a germinar en mi interior lo que ahora ve la luz en forma de teatro.